王扉 著

大爱

《孝经》的密码

Da Ai Xiaojing de Mima

GUANGXI NORMAL UNIVERSITY PRESS
广西师范大学出版社
·桂林·

图书在版编目（CIP）数据

大爱：《孝经》的密码 / 王扉著. —桂林：广西师范大学出版社，2011.5
ISBN 978-7-5495-0484-8

Ⅰ. 大… Ⅱ. 王… Ⅲ. ①家庭道德—中国—古代 ②孝经—研究 Ⅳ. B823.1

中国版本图书馆 CIP 数据核字（2011）第 060881 号

广西师范大学出版社出版发行
（广西桂林市中华路 22 号　邮政编码：541001
网址：http://www.bbtpress.com）
出版人：何林夏
全国新华书店经销
南宁诚兴印刷有限公司印刷
（广西南宁市友爱南路 6 号　邮政编码：530012）
开本：720 mm × 990 mm　1/16
印张：14.5　　字数：240 千字
2011 年 5 月第 1 版　　2011 年 5 月第 1 次印刷
印数：0 001~6 000 册　　定价：29.80 元

目录

读经杂拌

大爱文选

序言：
孝之大美，从七仙女下凡讲起

王扉

“树上的鸟儿成双对/绿水青山绽笑颜/随手摘下花一朵/我与娘子戴发间……”

相信全世界有华人的地方，就有人会唱这段黄梅戏《天仙配》。因为它太美了。曲调美，戏词也美，故事更美。东汉孝子董永卖身葬父，孝行感动了玉皇大帝的第七个女儿（七仙女）。七仙女私自下凡助其还债赎身，并在大槐树下与董结为夫妇。当七仙女用巧手金梭织出10匹锦绢赎出了董永，准备整治家园恩爱白头，不料玉皇大帝得知后震怒，在“董永遇仙”的百日，派托塔天王和四大金刚逼迫七仙女返回天庭。为了保护董永，七仙女被迫升天离去。而《夫妻双双把家还》这一段小调，唱的正是董永与七仙女这对小夫妻奴役期满，牵手回家的布衣幸福：“从今不再受那奴役苦/夫妻双双把家还/你耕田来我织布/我挑水来你浇园/寒窑虽破能抵风雨/夫妻恩爱苦也甜/你我好比鸳鸯鸟/比翼双飞在人间……”

2008年春节长假后，我开车从深圳回北京，走京珠高速。在湖北孝感一服务区小憩、转悠时，看到路旁有一个大大的雕塑，正是董永和七仙女。我突然明白我来到的可能就是传说中的董永故里。所谓孝感，应该就是得名于“孝感动天”。回到北京住处，上网一查，果然猜得八九不离十。据资料显示，湖北省孝感市，因东汉孝子董永卖身葬父，行孝感天动地而得名。孝感具有深厚的孝文化底蕴。

据说在孝感城关北门外，还有一块清代的“汉孝子董永故里”碑。出城关东南五公里有一董永湖。董家湖附近有两座并立的明代古墓，左边墓前碑，高一百零四厘米，上刻有“汉孝子董公永先代墓”，右边墓碑，高二百零八厘米，上刻有“汉孝子董永公墓”，两碑同立于道光十六年十一月。相传这块墓地上春天常有云雾笼罩。“董墓春云”，是古孝感八景之一。而今日孝感市内的董永公园，也确实存活着一棵古槐荫树，古干虬枝，树冠如蓬。当地传说就是它见证了七仙女与董郎的短暂姻缘。相传玉皇大帝的七姑娘思凡，看中孝子董永，于是让槐荫树做媒，嫁配董永。董永说：“哑巴树怎能开口？”七仙女说：“大树不开口，各自两分手；大树若开口，姻缘天配就。”接着，他们双双跪拜，槐荫古树因感动而开口说话。不料，老槐荫激动之余说错一字，将“百年合好”说成“百日合好”，弄得董永和七仙女仅有百日缘分。民间俗语“一日夫妻百日恩”，也是由此而来。

看来，孝感得名自“孝行感天”是没有什么疑问的。但孝感是否就是百分百的董永故里呢？各位看官大都知道，我们“伟大的祖国”，幅员辽阔，文献众多，向来在名人故里一事上是一笔糊涂账。而各地争相攀名人之风也是源远流长，于斯更甚。近年来，连个恶徒淫棍的西门庆故里也都冒出来好几个地方政府在抢，何况是形象正面清新的孝子董永？如果笔者在这里言之凿凿地说董永故里就是湖北孝感，那估计全国至少有上十个县市或将对我的说法提出抗议。因为，当年的中国邮政局就遭遇过这么一次。

2002 年 10 月 26 日中国邮政局发行的一套邮票《民间传说——董永与七仙女》。为了竞争申办这套邮票的原地封首发式，江苏省丹阳、金坛、丹徒、东台，湖北省孝感，山东省滨州，安徽省安庆等全国 14 个市县的集邮协会打了大半年的笔墨官司，个个都拍着胸脯声称自己那里是正宗正派的董永故里。最后，国家邮政局会同有关专家研究决定，批准丹阳、孝感、安庆、滨州四处，于 10 月 26 日同时举办《董永与七仙女》纪念邮票的首发式，让四地集体成为这套邮票的原地，丹阳列四个首发地之首。而丹阳获得领跑“董永故里”的一大推手，就是我们前面提到的黄梅戏《天仙配》。那里面“路遇”的一场戏中有一句唱词：“家住丹阳姓董名永，父母双亡孤单一人。”

但孝感当地的文献记载，“董永，青州千乘（今山东省博兴）人，东汉末，避战乱奉父徙湖北荆州丹阳，二百多年后，在南朝刘宋时，丹阳以董永行孝之故，改名‘孝昌’”。何以得名孝昌，传说宋文帝刘义隆被其长子刘劭所弑，其三子刘骏在西阳（黄冈与浠水）地区讨伐，出师不利，退守丹阳。某日，有一老者献策，劝其大张“孝”字旗帜，全军易服戴孝，檄文通告全国，兴兵替父报仇，履孝道，可遂其志。言毕，飘然而去。刘骏纳其言，果然转败为胜，登基后，悬榜寻赏献策老者，不得，却得一藏头诗：孝为百善首，子报君父仇，懂得其中意，永固得千秋。方悟，老者是孝子董永显圣，于是将董永行孝之地改名为孝昌，以谢孝子显灵相助。据史料记载，刘骏称帝后，他的28个儿子都以孝排名，为了使“诸德之本”的孝在社会上肃然成风，所以在孝建元年因此地“孝子昌盛”，遂置县名“孝昌”。又过约470年，因避讳改名孝感。

我们暂且放下董永故里之争，接着讲另一个八卦：董永和七仙女生的儿子是谁？在各地民间流传下来的说唱文学作品里，给董永当儿子的还真是个大人物。他的名字叫董仲舒——就是在历史上对汉武帝提议“罢黜百家，独尊儒术”的那个大儒，也是汉代“以孝治天下”的积极主张者和推动者。当然，民间说唱文学作品里的这个说法明显属于牵强附会。不过，在汉代，《孝经》已经跻身儒家“七经”之一。

记得2008年的那个春天，我在北京有闲时查找了不少有关董永和七仙女的资料。其中有个山西媒体对一位名叫董大中的老先生的访谈很有意思。当然，董大中也是言之凿凿地认定，董永的真正故里就是山西万荣县上孝村。但他也客观地谈到，董永故里说法不一，归根结底是中华民族的特定文化使然。因为，孝道是我们中华文化的核心构成，为了广泛推行和强化孝义，我们的文化中便很自然地生长出这样一位典型，并让他卖身葬父的事迹“孝感动天”，最终感动天下人。所以，各地百姓把董永故里“搬”到本乡本土，也就不足为怪了。

“葬父贷孔兄，仙姬陌上逢；织线偿债主，孝感动苍穹。”（元代·郭居敬《二十四孝》）董先生还说，“董永”两个字，已经不是一个简单的人名，已成为孝的化身，矗立在中国人的心中。每当我们看到这两个字时，眼前就会清晰地出现一个人影，诚实、勤苦的他对父母是那样孝顺；我们眼前还会出现另一个身影，一位妙龄女子因倾慕董永的为人，执意嫁他为妻，与他同患难共生死……更有无数个在董永影响、带动下成为孝子的男男女女。

在《孝经》里，孔子的门生曾子曾感慨："甚哉，孝之大也。"什么是孝之大？其实，从董永和七仙女这个中国人最喜爱的民间传说中，我们可以看到孝是大爱，亦有大美。而在《大爱：〈孝经〉的密码》里，我解说的是孔子与曾子十八章的"孝谈录"，分享的却是自己的解读、观念和感悟。孝是一种古老的美德，常谈常新。写这样的一本书，当然一是为了自勉，二是为了分享，希望可以让更多的人能了解孝道的智慧，希望人间温暖、岁月静好，希望不让古人专美，在新的时空里能涌现新的传奇。是为序。

解经闲谭

幸福读经从《孝》始

曾经有位年轻的家长在一个讲座上问我，想找几本国学经典让孩子读读，有没有推荐的书目？另外，如果一个像她这样对国学很有兴趣但又总感觉深奥的人，有哪些书是适合她入门读的？

我问她，你和你的小孩已读过哪些国学书？她告诉我，只是一起在读《弟子规》《三字经》《千家诗》之类古代的蒙学读物。我说，《弟子规》《三字经》等作为儿童读经的启蒙读物是可以的。但谈到国学入门，特别是亲子一起读的话，可以先从十三经中最薄的这本《孝经》开始。《三字经》里讲，“《孝经》通，四书熟；如六经，始可读”。说的就是只有把《孝经》读通了，把“四书”念熟了，才能够去读像“六经”这样的儒家经典。其中“四书”指的是《大学》《中庸》《论语》《孟子》。“六经”指的是：诗、书、礼、乐、易、春秋。因为《乐经》没有流传下来，后人也就把诗书礼易春秋合称为“五经”。

所以说，读国学，特别是国学入门，不可不读《孝经》。讲国学，特别是讲幸福国学，《孝经》不能不讲。这也是我写这本《大爱：〈孝经〉的密码》的一个初衷。

2009年广州南国书香节，我曾有一个演讲。演讲结束后，广州的一个婚姻家庭协会组织的负责人，等我给读者签完名后上台找我，说我的演讲内容很适合给他们的会员机构、企业去做“和谐家庭·和谐企业”的巡讲。邀请我加入他们的专家学者宣讲团。因为那次的主题是从《老子》讲国学与人生，我跟她们说，要去企业、机构讲，那就得讲《孝经》。孝之小者，赡养父母，尊老爱幼；孝之大者，爱岗爱企，为国为民。既讲家庭美德更讲社会责任，才是完整意义上的孝。可惜现代不少人对孝的理解都太狭隘，脑子里的糊糊太多，不知道中国传统文化里的孝是个很大的概念，曾子说，甚哉，孝之大也。用我们今天的话来讲，孝就是大爱……

其实，那天的演讲现场还有一段小插曲。在提问的环节，有个听众站了起来质疑我在演讲中对国学的定义。我在演讲中说到，所谓国学，就是“中国人的安心立命之学”。它是中国人的生命之根，处世之宝。在这样一个变动的年代，它也是中国人自己的“焦虑抗体”、“抑郁解药”。这位听众是位大姐。她很激动地表示，她就是一个来踢馆的，“你给的国学的定义，根本不是定义，而是国学的一种功能。请搞清定义的范畴、‘内延’和‘外涵’。”我笑着解释说，我这是给大众讲国学，我想大家想听的也是我对国学的理解对国学的定义。我想你想要的国学定义在教科书、学术专著里，大家都能查到、看到，也就不需要我来重复了。没想到这位大姐更来劲了，说我听了你的讲座，你讲的东西跟国学都没有什么关系。“我看你比于丹还年轻，比于丹还能信口开河，年轻人，你要好好读书，要有自己的积淀……”结果，她话还没说完，就被在场的听众给嘘了。

事后有读者给我抱不平说，王老师你对她太客气了。瞧她那副“三娘教子”的样，我们是来听你的讲座，又不是来听她的，连“外延”、“内涵”都能说成“内延”和“外涵”……我说她年纪比我大，我得尊重她呀。如果我直接反击她说，我对国学的定义其实和中国人民大学博士生导师毛佩琦教授的讲法是一样的，毛佩琦先生认为，“国学就是中国人之所以成为中国人的学问”。然后，我再用我演讲中讲过的一句话来反驳她所说的“和国学无关论”，民国的梁漱溟先生曾说过，“吾志不在学问，只不过好用心思来解决自己的实际问题而已”。那多伤她呀。

我之所以写一段插曲，不是想在这里自我标榜读过多少书，修养有多好。我只是想说明《孝经》告诉我们，“爱亲者，不敢恶于人；敬亲者，不敢慢于人”，“言满天下无口过，行满天下无怨恶”，“夫孝，德之本也”。有孝心，行孝道，是一个人为人处世的基本德行。秉持这样的态度去做，才不至于让自己言行有失，被人取笑。

说到“三娘教子”，近年来不少电视剧都是以婆媳关系为题材，如《双面胶》《婆婆来了》《娘家婆家》等，据说那都是相当的火。电视剧往往是社会心态的一面镜子。当下中国社会婆媳之间的矛盾真的已经到了电视剧中所描述的那种“水火不容”的地步了吗？其实核心问题还是一个“孝”字。我曾经读过一篇《新三娘教女》的小品文，上个世纪 90 年代的《女友》杂志刊发的，全文如下：

出嫁的女儿回来对三娘说："我对婆婆已够好了，但她对我不好。"

三娘说："婆婆对你不好是她的事，但是你对婆婆好是你的本分事。要知道你的一举一动，晚辈都在看着、学着。既然你对婆婆已经好到九十九分，只差那一分，那就给她满分吧！"

那公婆应该如何看待媳妇呢？

三娘说，"子女结婚，不是出嫁一个女儿，而是多了一个儿子；不是进来一位媳妇，而是多了一个女儿。"

老话说，孝心留根。孝心孝心，首先得有那颗心。孝敬孝敬，敬本身就是一种孝。用心来爱人，用敬来待人。老吾老以及人之老，幼吾幼以及人之幼。在家孝敬父母、长辈，在外尊敬领导、前辈。亲亲而爱人，立身而行道，这就是大爱，就是孝道。

古代有首长篇的《劝孝歌》，写得很通俗很好懂。我特别喜欢它开头和结尾的几句诗行。

"孝为百行首，诗书不胜录。富贵与贫贱，俱可追芳躅。若不尽孝道，何以分人畜。我今述俚言，为汝效忠告。……勿以不孝身，枉着人间服。勿以不孝口，枉食人间谷。万善孝为先，信奉添福禄。"

如果说，在这样一个变动的年代，静下来读国学经典能让人身心安顿、精神清明，那这本国学经典中的薄薄的《孝经》就是中国人的家传良方、幸福甘泉。

幸福读经从《孝》始。

两个版本，一种大爱

我接触、研读《孝经》也有差不多十年了。我深圳书房里现存最早的一本《孝经》读本，是2000年在深圳罗湖书城买的。前些日子，一个朋友来看我，听说我2007年就写了一篇《寻找远去的孝道》的文章，刊发在北京《中国青年》杂志上，很惊奇地说你那么早就已在研究《孝经》了。我说，那篇文章只是个专栏随笔，研究谈不上，但我研读《孝经》的时间确实不算短了。

说到孝经这本书，我最大的感觉就是“特别”两个字。在儒家的十三经里，它应该算是最特别的一本。我们可以来数一数它有几大特别之处：

一、它文字不多，但影响最大、流传最广。它是十三经中文字最少的，还不到两千字，但它却影响了中国社会两千多年。不仅为求功名的读书人读它，就是民间老百姓也对它很熟悉。“身体发肤，受之父母，不敢毁伤”这样的《孝经》金句几乎妇孺皆知。

二、它知名很早，但排位不高、名声不好。它不像《孟子》那样，在宋代才搭上末班车挤进十三经，而是早在汉代就被列入了七经。汉代的七经是“5＋2”的格局：《诗》《书》《礼》《易》《春秋》五经，加上《孝经》和《论语》。但汉人只设“五经”博士，因为在汉代，《孝经》和《论语》是人人必读的两本基础教科书，而“五经”才是需要专门研究的高深学问。

到了唐朝，《礼》分出“三礼”（《周礼》、《仪礼》和《礼记》），《春秋》分出“三传”（《左传》《公羊传》及《穀梁传》），到了宋，又加上了《孟子》和《尔雅》，这就是宋代形成的十三经。但也就是从宋代起，一直到元明清了，一代又一代的腐儒，为了配合统治者“奴化”教育的需要，把一本包含东方智慧的《孝经》，包装成了推行“愚忠愚孝”的工具，将孝道教化绝对化、片面化、低俗化。这就出现了“君要臣死臣不得不死，父要子亡子不得不亡”等违背《孝经》本义的引申解读，这就让《孝经》变得声名狼藉起来。到了五四时期，中国不少激进的知识分子因此批判孝道、否定《孝经》，把《孝经》压到了谷底。

三、它是十三经中唯一一部有三位皇帝亲自作注释的书。梁武帝曾作《孝经义疏》十八卷、唐玄宗作《孝经注》一卷、清雍正皇帝作《御纂孝经集注》等等。除了注疏外，历代不少皇帝都还喜欢为人宣讲《孝经》，这中间有不少的故事。其中最传奇的就是东晋的孝武帝之死。根据《晋书》记载，这个孝武帝“幼称聪悟”，从小就很聪明，读《孝经》读得很好。但当他的父皇驾崩时，他却一点泪都没流，毫无哀戚之情。身边的大臣就讲了，根据《孝经》，孝子在父母丧亡时，应该泣不成声的，这个孝武帝怎么回答？“哀至则哭，何常之有?”就是说“我真的悲伤到不能自已的时候就自然会哭，难道要我经常哭，说哭就哭?”这个孝武帝虽然还曾经给大臣谢安等人讲论过《孝经》，但实际上就是一个大逆不孝之人。“修齐治平”(修身、齐家、治国、平天下)，样样不行，还嗜酒成性，最后因为一句戏言丧命。有天晚上，他喝醉了酒，跟他当时最宠爱的张贵人开了一句玩笑，说:“汝以年当废矣。”就是说，“要论你的年龄，我应该把你给废了”。这个张贵人当时年纪还不到三十岁，但在古代也算蛮大的了。特别是在皇帝的后宫里，遍地都是年轻漂亮的妞，这个张贵人气不过，当晚就把喝醉了的孝武帝整死了。《晋书》里只是说“贵人潜怒，向夕，帝醉，遂暴崩”，但据说是张贵人命宫女用被子给活活捂死的。这个故事也从另一个侧面说明了，在西晋的时候，君为臣纲、夫为妻纲等观念还没有进化到愚忠愚孝的地步。后宫的女人很彪悍，真敢啊，看皇帝不爽，就这么把男人给弄死了。

说到愚忠愚孝，那是南宋理学兴起之后的事，像“存天理，灭人欲”就是南宋大儒朱熹提出来的。据说朱熹八岁就读懂《孝经》大义，逢人就讲“不读《孝经》，无以为人”，还亲笔书写了八个字于《孝经》之后，“若不如此，便不成人”。但晚年的朱熹却搞出了一本《〈孝经〉刊误》，指出《孝经》有后人伪作嫌疑，并按他的理解根据古文《孝经》的版本重新进行编订。这就涉及《孝经》的两个版本(今文《孝经》与古文《孝经》)之争了。

我们先解释一下《孝经》怎么会有今文与古文两个版本的。当年秦始皇焚书时，将大部分的经书都焚毁了，《孝经》也没能幸免。但古人读书的方式主要是背诵，书虽然可以焚烧，但儒生脑子里记诵下来的书却是烧不掉的。好在秦朝只存在了十几年，等秦朝一灭亡，儒生就凭着记忆，将那些焚烧了的书又背了出来。这些在汉朝初年靠儒生记忆背下来的书，是用汉朝当时流行的隶书书写的，就被称作是今文经。出人意料的是，几十年之后，有人在孔子故宅宅墙中又发现了一些古书，这些新发现的书是使用秦朝时的篆体字书写的，这相对于汉朝的隶书就算是古文了，一般就称呼它们是古文经。其中就有一本《孝经》。而汉儒背写出来的那本就是今文《孝经》。收录在十三经注疏中的《孝经》就是以今文《孝经》为底本，唐玄宗作的注释。但唐玄宗的这个御注版本一出，随即在天下风行。这倒让从西汉以来今、古文《孝经》并行的局面彻底改变。古文《孝经》渐渐鲜有人知晓。

今、古文《孝经》两个版本之间差别到底有多大呢？据我的比对，主要就是这三条：一、古文《孝经》比今文《孝经》多出了一个 24 个字的《闺门章》，其他的内容大体相同。二、今文《孝经》分十八章，古文《孝经》分出了二十二章。三、今文《孝经》的《感应章》，在古文《孝经》中是在《广至德章》后面，而不是排在倒数第二章。

朱熹认为今文《孝经》是假的，古文《孝经》是真的。但古文《孝经》里也有很多文字存疑，是后世儒者的解经文字“别子为宗”。他的《〈孝经〉刊误》彻底打破了汉代以来《孝经》的编排次序，以古文《孝经》为底本，将《孝经》分为经和传两个部分。同时还删去了原经的 200 多字。《孝经》文本的经典性被朱熹玩了一次颠覆。

朱熹的搞法，并没有得到大多数后人的认同，人们在习惯上仍然承认唐玄宗所注释的《孝经》，分成十八章，而对古文《孝经》一直也没有重视起来。笔者分析，这里面的原因，一是古文《孝经》与今文《孝经》差别并不大，二是人们一旦习惯了《孝经》十八章的“定数”，朱熹打乱经文重排就形同恶搞了。正如人们习惯了《老子》八十一章的“定数”，任何人再怎么认为原文散乱错误，费心重编一个新的版本出来，也最多只能是一家之言。

最后，总结一下，一部《孝经》，今文、古文两个版本，在编排以及编排带来的理解上，并没有像《老子》是《道德经》还是《德道经》那样，大有不同。今文《孝经》、古文《孝经》的主旨大义都是“大爱”两个字。不过，笔者认为，朱熹的做法虽然是错的，但他的看法是对的：古文《孝经》是真经，今文《孝经》比较没那么真；古文《孝经》中也存在后人解经文字混入的情形。我们的这本《大爱：〈孝经〉的密码》，就是借鉴朱熹的得失，以古文《孝经》为底本，对照今文《孝经》，删去了《闺门章》，依旧分成十八章：将《孝平章》合并于《庶人章》，将《父母生绩章》、《孝优劣章》合并于《圣治章》。对其中部分章节的部分可疑文字，笔者也作了谨慎的删订。求心目之开朗，欣然有所得。

“抱遗经于千载之后，而能卓然悟疑辨惑。非豪杰特起独立之士，何以及此！”我曾视此语为我的解经“战歌”。变动的年代，大风起兮云飞扬，就让我们有空的时候静静读一会斯经，与古人“孝”谈。

左手《老子》，右手《孝经》

我们前面讲到《孝经》是十三经中唯一一部有三位皇帝亲自作注的经书。其实，还有一本不在十三经里的书比它更生猛，历史上先后有五个皇帝写过读书心得，这本书就是《老子》。但由于十三经里收的都只是儒家经典，所以道家的《老子》就搁到别的筐子里了，比如"万经之王"。

我们前面也讲到，历史上有个皇帝在《孝经》的推广过程中起到了相当重要的作用，这个皇帝就是唐玄宗李隆基。他以皇帝之尊，亲自审订并注解了今文《孝经》。加上他又很伟大，缔造了开元盛世，结果他的御注《孝经》版本，让今文《孝经》在中国历史上几乎一统天下。这个皇帝对于《老子》一书也干过同样的事。他也是以天子之名，亲手搞出了一个老子《道德经》的定本并写了注解。结果他的御注《老子》版本，也是让老子《德道经》的古本从此湮没无闻。

所以，从唐玄宗对《孝经》、《老子》两部书命运的影响来看，有大人物来给某些经典做普及、做推广，对这些经典典籍本身来说，到底是幸运，还是不幸？这个结论还真不好说。没有唐玄宗的魅力营销，《孝经》、《老子》两部书，两千年，在中国社会内部的流传，会如我们今天所看到那样，影响力无远弗届，读者人数远远超过《论语》《孟子》等其他经典吗？但也正是因为唐玄宗这一钦定，导致最接近原本的古文《孝经》、古本《老子》(《德道经》)的几近不传。原生态的古文《孝经》、古本《老子》的不传，而历代的统治者、御用文人又在唐玄宗钦定的今文《孝经》《道德经》之后层层刷油漆，结果《孝经》《老子》的本来面目也就变得越来越模糊……

说到这里，插播一则小故事。宋代有个人名叫钱良臣。他的宝贝儿子据说很“孝顺”，读书时读到凡有“良臣”二字皆读作“爹爹”。有一天读《孟子》，读到“今之所谓良臣，古之所谓民贼也”时，照例读成了“今之所谓爹爹，古之所谓民贼也”。钱良臣听到后怒不可遏，不由分说地将这宝贝儿子好一通胖揍。其实，在笔者看来，今之所谓经典的先秦古籍钦定版本，放回到先秦就是盗版。而且是错漏文字严重、章节编排也出错的那种很糟糕的盗版。但由于这些典籍的底子好，即使这样被人抹了一脸锅灰、刷上了层层油漆出来，也依然是好东西，依然招人喜爱。但能透过层层油漆看到真容，或者有幸读到最接近原生态的经文的人，那真是好福气了。

而某些轻视《孝经》的学人，很可能就是没读懂。上海复旦大学的钱文忠教授曾提到说，有的学者认为《孝经》这部经用半个钟头看看就够了。对于这样轻狂的学者，我们且不去说他，再来插播一则小故事。六朝南梁时有个叫庾子舆的人，他当年读到的本子应该就是最接近原生态的古文《孝经》。据记载，子舆“幼即颖悟，异于常人”，也就是说他从小聪明、悟性很高。他5岁的时候就能诵读《孝经》，手不释卷，后人称其为“神童”。当时有人跟他说，“《孝经》这本书文句不多，最易记诵，何必如此苦读？”他回答说：“孝者德之本，人生百行，以孝为首。孝道不明，其人即无足观。此文句虽不多，而义蕴毕宣，启迪备至，虽终身体而行之，尚恐不能得其万一。所谓‘大之则弥四合，小之则退藏于密’。其味无穷，人皆滑口读过，故但觉其文少，而不知其意长也。奈何以为文句不多，而遂轻忽视之。”

子舆的这番话说得太给力了。他说，孝是人的德行之本。人一生中的种种品行，以孝为第一位。一个人要是不晓孝道，这个人就没有什么值得欣赏的地方了。《孝经》这本书虽然文句不多，但蕴含的思想却是相当的丰富，对人的启迪甚大。即使是一辈子身体力行，恐怕也达不到孝道的万分之一。所以说，孝道之大放开来可以弥盖遍布天地四方，孝道之小收起来可以藏在隐秘的方寸之间。《孝经》里的经文品玩起来意味无穷。但如果你只是一读而过，只会觉得文字蛮少的，而不知道其中的意味深长。怎么可以因为它文句不多，就以轻忽的态度来看待它呢？

拉拉杂杂又扯了这么多，我想说的是：让对《孝经》说三道四的人说去吧，我们应当应该相信时光的魔力，相信古人的眼力。中国两千多年来那么多的典籍，直到今天还依然散发出迷人的光芒，指导着中国人的精神生活的，不就是这么些书吗？中国两千多年来那么多的圣君贤人，得到他们最大的公认的，不也就是这么些书吗？据说清康熙帝曾要求那些满族王公大员们抓紧学习汉人的先进文化，考虑到这些人的中文程度比较低，就搞了一个“三必读”的最基本书目：《三国演义》《孝经》《老子》。然后，历史上就有了一个名词叫“康乾盛世”。而历史上称“开元盛世”的那一段，坐江山的不就是那个左手《老子》、右手《孝经》，读书范儿垂范天下的唐玄宗吗？

笔者曾在《破玄：老子的密码》一书中谈到中国历史上成功的统治者的秘诀就是8个字：“内用黄老，外示儒术。”这“外示儒术”的部分，核心的就是以孝治天下。孝是一种扩展性和伸缩性极大，层次性、适应性和开放性极强的伦理规范，始于家庭而能扩向社会。儒家的整个思想体系即修身、齐家、治国、平天下的管理蓝图就是以“孝”为本。“夫孝，德之本也，教之所由生也。”汉代从上到下，都以倡导与鼓励孝道为己任。“使天下诵《孝经》，选吏举孝廉。”统治者还不时下诏令免除对长辈尽孝之人的徭役，对孝悌或孝慈的人也常有赏赐。汉代帝王除高祖刘邦、光武帝刘秀外，自西汉惠帝、东汉明帝以下，帝王谥号无不标以“孝”字。颜师古说：“孝子善述父之志，故汉家之谥，自惠帝以下皆称孝也。”

民间有俗语云，小孝治家，大孝治国。中国古代的统治者相信，“人主孝则名章荣，下服听，天下誉；人臣孝则事君忠，处官廉，临难死；士民孝则耕芸疾，守战固，不罢北。”（《吕氏春秋·孝行》）明代吏部左侍郎杨起元在其所作的《孝经序》中称：“孝道之大，备著于《经》矣……至贵之行，配天之德，圣人之至教也。以之事君则忠，以之事长则顺，以之事天地则仁。天子之所以保天下，诸侯之所以保其国，卿大夫、士之所以守宗庙、保禄位，庶人之所以保四体、养父母，未有离孝者也。万善未易全也，惟孝则全；百福未易备也，惟孝则备；令名未易享也，惟孝则享。”伟大的革命先行者孙中山也曾指出：“讲到中国固有的道德，中国人至今不能忘记的：首先是忠孝，次是仁爱，其次是信义，其次是和平……《孝经》所讲的‘孝’字，几乎无所不包，无所不至……国民在民国之内，要能够把‘忠孝’两字讲到极点，国家便自然可以强盛。”（《三民主义·民族主义》）

左手《老子》，右手《孝经》。笔者认为，《老子》和《孝经》，无疑是中国历史上最好的、最实用的两部领导学、管理学经典。对于中国式管理有兴趣，希望家庭和睦、企业和谐、上下和顺，有志于成为管理者、领导者的人不可不读。

将大爱进行到底

这个标题是从歌手王菲2003年的个人专辑《将爱》来的。据王菲当年的企宣称,《将爱》其实就是“将爱情进行到底”。《将爱》专辑的一大特色就是有许多的二字歌名。除了《将爱》外,其他还有《旋木》(旋转木马)、《美错》(美丽的错误)、《阳宝》(阳光宝贝)、《夜妆》(夜上浓妆)等,仿如网络潮人之间很流行的自创用语与造句,各有介乎可解与不可解之间的乐趣。这样“尚简”语言品质,其实是上接《老子》文风的传统,简约玄妙,可耐玩味。而说到“将……进行到底”的句式,据笔者考证,其实来自毛泽东的“将革命进行到底”。《将革命进行到底》一文是毛1948年底为新华社写的一九四九年新年献词。毛的修辞风格对当代的中国人来说,都是相当熟悉,以致成为日常语汇而不觉。在我身上就有两例:其一、2004年我在凤凰周刊编发蒋兆勇先生的一篇时评时,标题选用的就是《把亲民政策进行到底》;其二、2010年我在给国内一家家纺企业的主打产品被子拟写广告语时,灵犀一动的就是“将‘被’爱进行到底”。如果再加上这篇谈“孝道”的文章,我自己就已是再“三”使用了。

当年王菲的《将爱》,其歌词写得非常冷艳:“风风火火　轰轰烈烈/我们的爱情像一场战争/我们没有流血　却都已经牺牲/掩埋殉难的心跳　葬送一世英名/废墟上的鹰　盘旋寻找残羹/夜空中的精灵　注视游魂背影/忽然一阵钟声　穿透黑压压的寂静/歌颂着壮烈　还是嘲笑着神圣/将爱进行到底　伟大是残酷的衍生……”在2011年的2月,想起这首老歌的歌词,是因为无意间在网上看到的一则社会新闻。据杭州的《都市快报》报道,26日下午,杭州中山北路,有一对退休夫妻双双自缢。老夫妻的女儿嫁在德国,她在老人出事前接到父母的邮件,马上联系了父母的邻居,邻居打开门一看,两个人都死了。两位老人都是高级知识分子，男的 77 岁，女的 75 岁。在邻居眼里，一个开朗爱笑一个懂五种外语的他们，为何选择这样的方式离去？没有人知道这对老夫妻最后的心事。接案民警称，当时到事发现场一看就知道是知识分子家庭。房间收拾得非常整洁。桌子、柜子都收拾得干干净净。两个老人分别吊在两个房间的门框上。饭桌上有几封遗书，写给设计院领导、女儿、亲戚、社区……几封遗书的内容是一样的，都是交代身后事宜的，嘱咐大家丧事从简，只是抬头变了下。老人生前的最后一天(25 日)给远在德国的女儿发了一封电子邮件，大意是说，我们觉得活着没有多大意义了，这两天，如果你打电话回来，没人接电话，你让某某某到我们家来看看，很可能出大事了。钥匙放在门底下。老人提到的这个某某某，是与他们同住一个小区的老同事……有网友留言感慨到，唉，真是可怜，身边连个尽孝的人都没有。

看到这则新闻，我的脑子里反应过来的除了这首残酷的《将爱》老歌外，再就是《论语》里孔子的一句老话："父母在，不远游，游必有方。"以前孔子遭批判时这句话也普遍被误读，人们认为"好男儿志在四方"，"父母在，不远游"是小农意识、封建糟粕。其实这句话大有深意。第一，父母健在，子女应当守候在爹娘的身边，早晚请安，问寒问暖，尽其孝道，使年迈的双亲能尽享天伦。这也是岳麓书院学规里的第一条"时常省问父母"。第二，古时交通通讯不便，常年在外的人，捎个信儿回家去都很困难。所以，父母希望守住儿女，盼他们平安，孝子也愿意守住父母，盼他们健康。就这样，不要让健在的父母担心牵挂的最好方式，就是"不远游"或"游必有方"。游子好比风筝，飞再远也要有根线拽在父母的手中，父母一拽它就能感知到，就能回来。用我们今天的话就是出门在外，平安是金。再忙也要打打电话，有空记得常回家看看。

有人说，在快捷的飞机、高铁成为主要出行工具的今天，孝敬父母在于贴心，不一定非要贴近。但笔者认为，年轻人是应该多出门看看外面的世界，但这不意味着孝就可以被忽略。否则，每一个都市的夜归人，都将是"夜空中的精灵"注视的"游魂背影"。当然，一个国家也有责任和义务来倡导、鼓励国民尽孝，将大爱进行到底。记得曾有报道称新加坡国民在购买政府组屋时，如果选择与父母同住，或是住在距离父母家 1 公里以内的地方，会得到 1 万新元的奖励，同时，还会获得优先选择房屋的机会。如果一个家庭赡养了父母，可以获得退税 5000 新元的奖励。如果申请者是三代同堂家庭，将被优先安排居住。建屋发展局还设计了一大一小两种面积住房相邻而居的实际需求。数十年来，这些政策都被严格地执行。而有人问到新加坡为什么如此重视

"孝",如此重视家庭时,新加坡政府认为,孝敬父母的人,才能热爱国家。而在一个家庭中,长辈能够把正确的社会价值观念,潜移默化地传给下一代。祖辈可以把优良文化传统传给孙辈,学校只能弥补家庭教育的不足。

当年王菲的那首《将爱》中,有一句幽幽的叹息让我印象很深:"将爱进行到底,温柔尚在,寂寞永生……"而在《都市快报》的报道里,寓所门前的奶箱和邮箱将两位老人最后的寂寞表露得一览无遗:"301 室的光明牛奶小箱子,默默地倚靠在单元门的墙上;301 室的邮箱里,静静地躺着几封还没有开启的信……"

无论是个人还是民族,政府还是国家,孝不可以被忽略,更不可以被忘记。

《大爱：〈孝经〉的密码》导读

我们曾经是一个有着完整的家庭伦理的民族，这个伦理的核心就是孝道。所谓孝道，因孝明道。通过祭祖行孝来表达对永恒天道的温情与敬意。上要对得起列祖列宗，下要对得起子孙后代，家里要供奉着祖宗的牌位，将祖宗的精神与血脉代代相传。行孝，是中国人之所以成为中国人，中国之所以延续千年而不坠的一个文化密码。

孔子曾说过，吾志在《春秋》，行在《孝经》。孔子认为以孝治天下，“民用和睦，上下无怨”。孝道，其实就是和谐家庭、和谐社会的根基。值得注意的是，孔子所讲的孝，绝不是后世特别是宋以后的统治者所鼓吹的愚忠愚孝，而是大德大爱。“变态的二十四孝可以休矣”。孔子讲爱身惜命，这才是对父母的孝；不义必诤，这才是对君王的忠。后者用我们今天的话来说，就是不能做一个乡愿的人，要有社会责任感。

本书作者认为，坊间流传甚广的今文《孝经》，是被历代统治者抹了一脸锅灰、刷上了层层的油漆出来的，统治者在对《孝经》最大褒扬的同时也是对《孝经》最大的歪曲。用手中的公权力，来争取《孝经》的解释权和话语权。要读懂孔门“孝”谈录的真义，得直接源头读古文《孝经》。这才能明白为什么汉代经学大师郑玄视《孝经》为“六经总汇”，清末国学大师章太炎视其为“国学统宗”，中国民间视其为“两千年教子第一书”。孝道，其实是中国人、中国家庭的淳朴信仰。行孝，是中国人一辈子的温暖修行，也是中国社会连通私德与公德领域的幸福密码。

从百年前的辛亥革命，到今日的民族复兴，古老的中国从帝制走向共和，由臣民社会艰难转型公民社会，行进在“历史的三峡”，有着无穷的困惑。百年的战乱与纷争，我们对西方文明的困知学步，以致忘却了我们的古人以及我们是在怎样的一种文化环境下熏陶出来的。一个人、一个国家要向前走，一定要懂得自己是怎么走过来的。这才接上地气，心有底气，不至于慌张焦虑、失魂落魄。读一读这本《大爱：〈孝经〉的密码》，在感慨外面的世界很精彩，外面的世界很无奈的同时，记得常回家看看，大爱有温情。

#《孝经》心解

砚池堂本《孝经》全文

开宗明谊章第一

仲尼闲居，曾子侍坐。

子曰："参，先王有至德要道，以训天下，民用和睦，上下亡怨，汝知之乎？"

曾子辟席曰："参不敏，何足以知之？"

子曰："夫孝，德之本也，教之所由生。复坐！吾语汝。身体发肤，受之父母，不敢毁伤，孝之始也；立身行道，扬名于后世，以显父母，孝之终也。夫孝，始于事亲，中于事君，终于立身。《大雅》云：'亡念尔祖，聿修其德。'"

天子章第二

子曰："爱亲者，不敢恶于人，敬亲者，不敢慢于人。爱敬尽于事亲，然后德教加于百姓，刑于四海，盖天子之孝也。《吕刑》云：'一人有庆，兆民赖之。'"

诸侯章第三

子曰："居上不骄，高而不危。制节谨度，满而不溢。高而不危，所以长守贵也。满而不溢，所以长守富也。富贵不离其身，然后能保其社稷，而和其民人，盖诸侯之孝也。《诗》云：'战战兢兢，如临深渊，如履薄冰。'"

卿大夫章第四

子曰："非先王之法服，不敢服。非先王之法言，不敢道。非先王之德行，不敢行。是故，非法不言，非道不行。口无择言，身无择行，言满天下无口过，行满天下无怨恶。三者备矣，然后能保其禄位，而守其宗庙，盖卿大夫之孝也。《诗》云：'夙夜匪解，以事一人。'"

士章第五

子曰："资于事父以事母，其爱同。资于事父以事君，其敬同。故母取其爱，而君取其敬，兼之者父也。故以孝事君则忠，以悌事长则顺。忠顺不失，以事其上，然后能保其爵禄，而守其祭祀，盖士之孝也。《诗》云：'夙兴夜寐，亡忝尔所生。'"

庶人章第六

子曰："因天之时，就地之利，谨身节用，以养父母，此庶人之孝也。"

子曰："故自天子至于庶人。孝亡终始，而患不及者，未之有也。"

三才章第七

曾子曰："甚哉，孝之大也。"

子曰："夫孝，天之经也，地之谊也，民之行也。天地之经，而民是则之。则天之时，因地之利，以训天下。是以其教不肃而成，其政不严而治。先王见教之可以化民也。是故，先之以博爱，而民莫遗其亲；陈之以德谊，而民兴行。先之以敬让，而民不争；道之以礼乐，而民和睦。示之以好恶，而民知禁。《诗》云：'赫赫师尹，民具尔瞻。'"

孝治章第八

子曰："昔者明王之以孝治天下也，不敢遗小国之臣，而况于公侯伯子男乎？故得万国之欢心，以事其先王。治国者，不敢侮于鳏寡之民，而况于士人乎？故得百姓之欢心，以事其先君。治家者，不敢失于臣妾之心，而况于妻子乎？故得人之欢心，以事其亲。夫然，故生则亲安之，祭则鬼享之。是以天下和平，灾害不生，祸乱不作。《诗》云：'有觉德行，四国顺之。'"

圣治章第九

曾子曰："敢问圣人之德，其无以加于孝乎？"

子曰："天地之性，人为贵。人之行，莫大于孝。孝莫大于严父，严父莫大于配天，则周公其人也。昔者周公郊祀后稷以配天，宗祀文王于明堂，以配上帝。是以四海之内，各以其职来助祭。夫圣人之德，又何以加于孝乎？故亲生之膝下，以养父母日严。圣人因严以教敬，因亲以教爱。圣人之教不肃而成，其政不严而治，其所因者本也。"

子曰："父子之道，天性也，君臣之谊也。父母生之，绩莫大焉。君亲临之，厚莫重焉。"

子曰："不爱其亲，而爱他人者，谓之悖德；不敬其亲，而敬他人者，谓之悖礼。以训则昏，民亡则焉。不宅于善，而皆在于凶德。虽得志，君子弗从也。君子则不然，言思可道，行思可乐，德谊可尊，作事可法，容止可观，进退可度，以临其民。是以其民畏而爱之，则而象之。故能成其德教，而行其政令。"

《诗》云："淑人君子，其仪不忒。"

纪孝行章第十

子曰："孝子之事亲也，居则致其敬，养则致其乐，疾则致其忧，丧则致其哀，祭则致其严。五者备矣，然后能事其亲。事亲者，居上不骄，为下不乱，在丑不争。居上而骄则亡，为下而乱则刑，在丑而争则兵。此三者不除，虽日用三牲之养，犹为不孝也。"

五刑章第十一

子曰："五刑之属三千，而罪莫大于不孝。要君者亡上，非圣人者亡法，非孝者亡亲。此大乱之道也。"

广要道章第十二

子曰："教民亲爱，莫善于孝。教民礼顺，莫善于悌。移风易俗，莫善于乐。安民治民，莫善于礼。礼者，敬而已矣。故敬其父，则子悦；敬其兄，则弟悦；敬其君，则臣悦；敬一人，而千万人悦。所敬者寡，而悦者众，此之谓要道也。"

广至德章第十三

子曰："君子之教以孝也，非家至而日见之也。教以孝，所以敬天下之为人父者也。教以悌，所以敬天下之为人兄者也。教以臣，所以敬天下之为人君者也。《诗》云：'恺悌君子，民之父母。'非至德，其孰能训民如此其大者乎！"

感应章第十四

子曰："昔者明王事父孝，故事天明；事母孝，故事地察；长幼顺，故上下治。宗庙致敬不忘亲也，修身慎行恐辱先也。天地明察，鬼神章矣。《诗》云：'自西自东，自南自北，亡思不服。'"

广扬名章第十五

子曰:“君子事亲孝,故忠可移于君。事兄悌,故顺可移于长。居家理,故治可移于官。是以行成于内,而名立于后世矣。”

谏争章第十六

曾子曰:“若夫慈爱恭敬,安亲扬名,参闻命矣。敢问,子从父之命,可谓孝乎?”

子曰:“参,是何言与,是何言与！言之不通邪。昔者天子有争臣七人,虽无道,不失其天下;诸侯有争臣五人,虽亡道,不失其国;大夫有争臣三人,虽亡道,不失其家;士有争友,则身不离于令名;父有争子,则身不陷于不谊。故当不谊,则子不可以不争于父,臣不可以不争于君;故当不谊,则争之。从父之命,又安得为孝乎!”

事君章第十七

子曰:“君子之事上也,进思尽忠,退思补过,将顺其美,匡救其恶,故上下能相亲也。《诗》云:‘心乎爱矣,遐不谓矣。中心藏之,何日忘之。’”

丧亲章第十八

子曰:“孝子之丧亲也,哭不偯,礼无容,言不文,服美不安,闻乐不乐,食旨不甘,此哀戚之情也。三日而食,教民无以死伤生也。毁不灭性,此圣人之正也。丧不过三年,示民有终也。为之棺椁衣衾以举之,陈其簠簋而哀戚之;哭泣擗踊,哀以送之;卜其宅兆,而安措之;为之宗庙,以鬼享之;春秋祭祀,以时思之。生事爱敬,死事哀戚,生民之本尽矣,死生之谊备矣,孝子之事终矣。”

古文《孝经》经文

开宗明谊章第一

仲尼闲居，曾子侍坐。子曰："参，先王有至德要道，以训天下，民用和睦，上下亡怨，女知之乎？"曾子避席，曰："参不敏，何足以知之乎？"子曰："夫孝，德之本也，教之所繇生也。复坐，吾语女。身体发肤，受之父母，不敢毁伤，孝之始也；立身行道，扬名于后世，以显父母，孝之终也。夫孝，始于事亲，中于事君，终于立身。《大雅》云：'亡念尔祖，聿修其德。'"

天子章第二

子曰："爱亲者，不敢恶于人；敬亲者，不敢慢于人。爱敬尽于事亲，而德教加于百姓，刑于四海，盖天子之孝也。《吕刑》云：'一人有庆，兆民赖之。'"

诸侯章第三

子曰："在上不骄，高而不危；制节谨度，满而不溢。高而不危，所以长守贵也；满而不溢，所以长守富也。富贵不离其身，然后能保其社稷，而和其民人，盖诸侯之孝也。《诗》云：'战战兢兢，如临深渊，如履薄冰。'"

卿大夫章第四

子曰："非先王之法服不敢服，非先王之法言不敢道，非先王之德行不敢行。是故非法不言，非道不行；口亡择言，身亡择行。言满天下亡口过，行满天下亡怨恶。三者备矣，然后能守其宗庙。盖卿、大夫之孝也。《诗》云：'夙夜匪懈，以事一人。'"

士章第五

子曰："资于事父以事母，其爱同；资于事父以事君而敬同。故母取其爱而君取其敬，兼之者父也。故以孝事君则忠，以弟事长则顺；忠顺不失，以事其上，然后能保其禄位，而守其祭祀，盖士之孝也。《诗》云：'夙兴夜寐，亡忝尔所生。'"

庶人章第六

子曰："用天之道，就地之利。谨身节用，以养父母。此庶人之孝也。"

孝平章第七(今文合并于前章)

子曰："故自天子至于庶人，孝亡终始而患不及者，未之有也。"

三才章第八(今文作第七)

曾子曰："甚哉，孝之大也！"子曰："夫孝，天之经也，地之谊也，民之行也。天地之经而民是则之。则天之明，因地之利，以训天下。是以其教不肃而成，其政不严而治。先王见教之可以化民也，是故先之以博爱，而民莫遗其亲；陈之以德谊，而民兴行；先之以敬让，而民不争；导之以礼乐，而民和睦；示之以好恶，而民知禁。《诗》云：'赫赫师尹，民具尔瞻。'"

孝治章第九(今文作第八)

子曰："昔者明王之以孝治天下也，不敢遗小国之臣，而况于公、侯、伯、子、男乎？故得万国之欢心，以事其先王。治国者不敢侮于鳏寡，而况于士民乎？故得百姓之欢心，以事其先君。治家者不敢失于臣妾之心，而况于妻子乎？故得人之欢心，以事其亲。夫然，故生则亲安之，祭则鬼享之，是以天下和平，灾害不生，祸乱不作。故明王之以孝治天下也如此。《诗》云：'有觉德行，四国顺之。'"

圣治章第十(今文作第九)

曾子曰："敢问圣人之德，亡以加于孝乎？"子曰："天地之性，人为贵。人之行，莫大于孝，孝莫大于严父，严父莫大于配天，则周公其人也。昔者周公郊祀后稷以配天，宗祀文王于明堂以配上帝。是以四海之内各以其职来助祭。夫圣人之德，又何以加于孝乎？是故亲生毓之，以养父母日严。圣人因严以教敬，因亲以教爱。圣人之教，不肃而成，其政不严而治，其所因者本也。"

父母生绩章第十一(今文合并于前章)

子曰:"父子之道,天性也,君臣之谊也。父母生之,绩莫大焉;君亲临之,厚莫重焉。"

孝优劣章第十二(今文合并于第十章)

子曰:"故不爱其亲而爱他人者,谓之悖德;不敬其亲,而敬他人者谓之悖礼。以训则昏,民亡则焉。不宅于善,而皆在于凶德,虽得志,君子弗从也。君子则不然,言思可道,行思可乐,德谊可尊,作事可法,容止可观,进退可度,以临其民,是以其民畏而爱之,则而象之。故能成其德教,而行其政令。《诗》云:'淑人君子,其仪不忒。'"

纪孝行章第十三(今文作第十)

子曰:"孝子之事亲也,居则致其敬,养则致其乐,病则致其忧,丧则致其哀,祭则致其严。五者备矣,然后能事亲。事亲者,居上不骄,为下不乱,在丑不争。居上而骄则亡,为下而乱则刑,在丑而争则兵。三者不除,虽日用三牲之养,繇为不孝也。"

五刑章第十四(今文作第十一)

子曰:"五刑之属三千,而辠莫大于不孝。要君者亡上;非圣人者亡法;非孝者亡亲。此大乱之道也。"

广要道章第十五(今文作第十二)

子曰:"教民亲爱,莫善于孝;教民礼顺,莫善于弟;移风易俗,莫善于乐;安上治民,莫善于礼。礼者,敬而已矣。故敬其父则子说,敬其兄则弟说,敬其君则臣说,敬一人而千万人说。所敬者寡,而说者众,此之谓要道也。"

广至德章第十六(今文作第十三)

子曰:"君子之教以孝也,非家至而日见之也。教以孝,所以敬天下之为人父者也。教以弟,所以敬天下之为人兄者也。教以臣,所以敬天下之为人君者也。《诗》云:'恺悌君子,民之父母。'非至德,其孰能训民,如此其大者乎?"

感应章第十七(今文作第十六)

子曰:“昔者明王事父孝,故事天明;事母孝,故事地察;长幼顺,故上下治;天地明察,神明章矣!故虽天子,必有尊也;言有父也,必有先也;言有兄也,必有长也。宗庙致敬,不忘亲也。修身慎行,恐辱先也。宗庙致敬,鬼神着矣。孝弟之至,通于神明,光于四海,亡所不暨。《诗》云:‘自西自东,自南自北,亡思不服。’”

广扬名章第十八(今文作第十四)

子曰:“君子之事亲孝,故忠可移于君;事兄悌,故顺可移于长;居家理,故治可移于官。是以行成于内,而名立于后世矣。”

闺门章第十九(今文无此章)

子曰:“闺门之内,具礼矣乎!严亲严兄。妻子臣妾,繇百姓徒役也。”

谏争章第二十(今文作第十五)

曾子曰:“若夫慈爱、龚敬、安亲、扬名,参闻命矣!敢问子从父之命,可谓孝乎?”子曰:“参,是何言与,是何言与!言之不通邪。昔者,天子有争臣七人,虽亡道,不失天下;诸侯有争臣五人,虽亡道,不失其国;大夫有争臣三人,虽亡道,不失其家;士有争友,则身不离于令名;父有争子,则身不陷于不谊。故当不谊,则子不可以不争于父,臣不可以不争于君。故当不谊则争之。从父之命,又安得为孝乎?”

事君章第二十一(今文作第十七)

子曰:“君子之事上也,进思尽忠,退思补过,将顺其美,匡救其恶,故上下能相亲也。《诗》云:‘心乎爱矣!遐不谓矣!中心藏之,何日忘之。’”

丧亲章第二十二(今文作第十八)

子曰:“孝子之丧亲也,哭不依,礼亡容,言不文,服美不安,闻乐不乐,食旨不甘,此哀戚之情也。三日而食,教民无以死伤生。毁不灭性,此圣人之政也。丧不过三年,示民有终也。为之棺、椁、衣、衾而举之;陈其簠、簋而哀戚之;哭泣擗踊,哀以送之;卜其宅兆,而安措之;为之宗庙,以鬼享之;春秋祭祀,以时思之。生事爱敬,死事哀戚,生民之本尽矣!死生之谊备矣!孝子之事亲终矣！”

＊注：在每一章的“消逝的字符”里，我们都引录了今文《孝经》作对比，故在此略去今文《孝经》全文。

开宗明谊章第一

仲尼闲居，曾子侍坐。

子曰："参，先王有至德要道，以训天下，民用和睦，上下亡怨，汝知之乎？"

曾子辟席曰："参不敏，何足以知之？"

子曰："夫孝，德之本也，教之所由生。复坐！吾语汝。身体发肤，受之父母，不敢毁伤，孝之始也；立身行道，扬名于后世，以显父母，孝之终也。夫孝，始于事亲，中于事君，终于立身。《大雅》云：'亡念尔祖，聿修其德。'"

——砚池堂本《孝经》第一章

释要

本章为《孝经》第一章，也是全书的总论。中华传统文化的道德基石，就是孝。《孝经》之孝，不仅仅是修身齐家的分内之事，更是治国平天下的社会担当。

古人云本章"开一经之宗本，明五孝之谊理"，意即本章开示了一部《孝经》的纲要宗旨，说明了随后将要展开的五种孝道的谊理法则。孝被古人视为至德要道，提倡孝道的社会，上下和谐，幸福有序。

另外值得注意的是，《孝经》本无章名。后来唐玄宗为《孝经》作注时，才由儒官集议“题其章名”。

通解

某年某月某日，孔子闲坐家中，学生曾子侍坐在旁。

孔子说：“古代的圣王有至德要道，以其训教天下，上自天子，下至庶人，都不会相互怨恨。你知道它是什么吗？”

曾子起身离席，答道：“学生曾参愚陋，不够聪敏，哪里能知晓呢？”

孔子说：“前面所讲的至德要道，那就是孝。它是一切德行的根本，也是教化产生的根源。你先回原位置坐下，我来告诉你。

“所谓孝，就是亲爱，亲亲而爱人。孝是从血缘的亲亲开始的。首先就是爱护自己的身体。一个人的身体，哪怕是很细小的一根头发和一点皮肤，都是父母所赐。身体发肤，既然受之于父母，就应当体念父母哺乳养育之情，保全好自己的身体，不敢稍有毁伤而让父母担心，这就是孝道的开始。

“一个人长大成人出社会，独立不倚，自立修身，行己身当行之道，这就叫立身行道。能够做到立身行道的人，其声名不但会传颂于当时，而且会播扬于后世，无论当时和后世，众人将因景慕之心，推本追源，兼称其父母教养的贤德。因此，其父母的声名，也将因儿女的德望而显耀，这便是孝道的完成。

“所以，孝道可分成三个阶段：未成年时期，承欢膝下，事奉双亲，爱护身体。行冠礼成年之后，便要效力国君，为国尽忠，为民众服务。到了老年，就要检点自己的修为，追求人生的无悔无憾、尽善尽美，这便是立身，这才是孝道的完成。

“《诗经》里说：‘牢记祖德永勿忘，继承祖德发荣光。’”

消逝的字符

本章经文我们可以把它划分为三小节：(一)从开篇到“汝知之乎”。孔子、曾子师徒登场，闲谈不闲。孔子拈出一个大哉问，什么是治国平天下的至德要道？(二)自“曾子辟席”至“终于立身”。孔子给曾子讲明了孝道的大纲。孝不只是赡养父母那么简单，更要懂得为国尽忠，立身行道。(三)从“大雅”到“聿修其德”。孔子引用诗经上的话，言人只有牢记祖先的德行，光大祖先的德行，这样，才算是尽到了大孝。

这一章经文中消逝变化的关键语汇主要有:一、“谊”字,今文作“义”。二、“仲尼闲居,曾子侍坐”。今文本作“仲尼居,曾子侍”,无“闲”字与“坐”字。三、所有的“无”字,在古文本作“亡”。

“开宗明谊”

今文本作“开宗明义”。一般认为在古代“谊”与“义”同,其实还是有分别的。“谊”是个会意兼形声字,从言从宜,本义为合宜的德行或道理。而“义”(義)是个会意字,从我从羊,“羊”表祭牲,本义为仪制,法度。后才做“情谊”解。

清代学者段玉裁在《说文解字注》中说:“古者威仪字作义。今仁义字用之。仪者,度也。今威仪字用之。谊者,人所宜也。今情谊字用之。古者书仪但为义。今时所谓义为谊。是谓义为古文威仪字。谊为古文仁义字。”

另外值得一提的是,古文中还有一个 yì 字——乂,从丿从乀,相交之意。比如湖南省宜章县,古叫乂章,就是取大小章水交汇之意。宋太宗是赵光乂,不是赵光义。很多人把乂写成义,认为是一个意思,其实差一点,就不是一个地方,一个人了。

“仲尼闲居,曾子侍坐。”

今文本无“闲”字与“坐”字。两字之缺,孔子与曾参之间和谐的师生情状没了。特别是没了“坐”字,下文的“曾子辟席”就失去了铺垫,显得突兀。辟,通“避”,离开。古人席地而坐,起身回话称避席。

《礼记》里有一篇《仲尼燕居》。燕,通“宴”,闲也。燕居即闲居,都是指在家闲暇休息,优哉游哉的情态。这篇文字的开篇就写得非常有意思,“仲尼燕居,子张、子贡、言游侍,纵言至于礼。子曰:‘居!女三人者。吾语女礼……’”其中,女,通“汝”。这段话说的是孔子在家闲坐,子张、子贡、子游陪侍在旁,先是站着,在闲扯中说到了礼。孔子说,坐啊,你们三个人。我来给你们讲讲什么是礼……

《礼记》里还有一篇《少仪》,讲的是少者事长者的礼仪。其中一段说:“侍坐于君子,君子欠伸,运笏、泽剑首、还屦、问日之蚤莫,虽请退可也。”蚤莫,即“早暮”。这段文字说的是,一个人陪侍君子坐着谈话,如果君子打哈欠伸懒腰,转动笏板,抚摩剑柄,调整鞋头的朝向,讯问时间的早晚,这个时候就应该主动请求告退了。这一段其实可以看做是孔门弟子的一堂肢体语言课。

“有至德要道，以训天下”

今文本改“训”为“顺”。顺是什么？《说文》曰：“理也。”从页从巛，会意字。川流不息，顺流而下。而训是什么？《说文解字》曰：“说教也。”从言川声，形声字。顺其意以训之教之。

训之教之以什么？至德要道也。什么是至德要道？那就是孝。所以，我们也可以把《孝经》称之为“至德要道之经”。这样一来，就比较好玩了。笔者在《破玄：老子的密码》一书中说过，《老子》一书不是《道德经》，而是《德道经》。现在，这本《孝经》，难道又是一本《德道经》？笔者认为，我们大可不必过于拘泥。我们亦可以这样趣解《孝经》：如果我们将孝字拆开来，就是老、子二字，这样一来《孝经》就变成《老子》了……呵呵。

关于这个孝字，民间有这么一个故事，说“孝”字就是儿子背上背着一个老人。但儿子要把老人背到哪里去呢？在人类还处于原始社会的时候，粮食、肉等食物极度短缺。老人老了，不能干活还要分口粮，成了家庭中的极大负担。那个时候的年轻人就背起老人，把老人扔到深山老林，让野兽吃掉。有一次，一个年轻人背着一个老人往山里走时，老人拿了根树枝，一边折一边扔。年轻人就问老人：“你在做什么？”老人说：“我看天快黑了，怕你回去的时候找不着路，迷在山里，我就一路给你留下枝条，做好回家的标记……”这个年轻人一听，潸然泪下。于是，他转过身来，把老人重新背回了家，好好侍奉。从此，孝道在人类社会出现了。人类也从原始社会迈向了文明开端的时代。

说到这里，顺带讲一下“教”。有一次笔者在某国际机场候机楼，听到一个所谓的国学大师在电视上讲什么是教。他说，孝顺的孝加上一个文化的文字就是教育的“教”，意思就是不孝不教文化。我当时就笑了，这哪是讲国学呀，明明是说相声嘛。教是个会意字，右边不是文，而是“攴”(pū)，篆体像以手持杖或执鞭。在奴隶社会，奴隶主要靠鞭杖来施行他们的教育、教化。《说文》曰：教，从攴(pū)，从孝，孝亦声。上所施下所效也。

“身体发肤，受之父母，不敢毁伤，孝之始也。”

这一句经文要特地讲析一下。很多人对《孝经》里的这句名言不甚理解、不以为然，认为这是所谓的“封建糟粕”，是宣扬儿女对父母的“愚忠愚孝”。不少人要“我的身体我做主”，爱咋整就咋整。君不见街上的美容整形手术，哪一个不是活体实验，毁伤身体发肤？但就是有人趋之若鹜。

更有甚者。2010年深圳知名台企富士康出现了青年工人“连环跳”的自杀案，就是让人痛心的对“受之父母”的“身体发肤”的擅自“毁伤”。我们每一个人的身体发肤，都是来之于父母，并在父母的养育下得以健康长大。爱护自己的身体，珍视生命，不要让父母为子女的身体担忧，这就是最基本的孝道。推而广之，爱护自己的身体，也要爱护别人的身体。珍爱自己，关爱别人。这样的人才是一个有人性的人，一个有孝心的人，一个有爱心的人。

爱护身体，敬重生命。这样的教育就是教人学会做“人”。每一个人都是父母所生，身体的健康，不是属于个人独有的，而是关联到身边的亲人、爱人，乃至室友、同事、路人。比如，流感肆虐时发烧、咳嗽的人在公共场合要主动戴口罩，这就是孝，就是公民素质。而公民素质的根本问题就是价值观。有什么样的价值观就会有什么样的行为。

“立身行道，扬名于后世，以显父母，孝之终也。”

“立身行道”，立是个会意字，其甲骨文字形，就是一个大人直立于大地上。《说文解字》曰：立，从大立一之上。大，人也；一，地也。孔子讲，“三十而立”，不是指我们今天讲的成家立业，而是“君子以独立不惧”(《易·大过》)。简单地说，就是30岁人应该能依靠自己的本领独立承担自己应承受的责任，并已经确定自己的人生目标与发展方向。一个人只有拥有了独立的人格、无畏的勇气，能坦然，有担当，这才算长大成人，立起来了。否则，不能算立身，不能称为“大人”。宋代的邢昺说：“夫为人子者，先能全身而后能行其道也。夫行道者，谓先能事亲而后能立其身。前言立身，末示其迹。其迹，始者在于内事其亲也；中者在于出事其主；忠孝皆备，扬名荣亲，是终于立身也。”

“孝，始于事亲，中于事君，终于立身。”

这是孔子有名的孝道三段论：“言行孝以事亲为始，事君为中。忠孝道著，乃能扬名荣亲，故曰终于立身也。”(唐玄宗李隆基语)古代的君子贤人，其一生一般是这样度过的：从呱呱落地到成年，其主要的孝行就体现在爱护身体，侍奉双亲。成人之后三十而立、“学而优则仕”，要为国效力，为君尽忠；老了致仕还乡，修身养性，颐养天年。故有“父母生之，是事亲为始。四十强而仕，是事君为中。七十致仕，是立身为终也”(郑玄语)一说。

可见对于父母的孝，只是孝的发端和很小的一个体现。而中孝、大孝，则是体现在一个人的为人处世和德行修为上，即我们今天所说的社会责任和人生价值。事亲尽孝，事君尽忠，修身养德，积德行道，名扬后世，荣耀父母。也就是千百年来国人爱说的“光宗耀祖”。如果一个人德行不够，哪怕他侥幸得到了一时的荣华富贵，也不会给家人父母带来长久的幸福和安宁，往往会在转瞬之间给自己和家人带来无法挽回的灾难。比如今日社会，多少贪官的下场，昭昭在目。

所以，厚德才能载物，只有立身行道，才能修齐治平，名扬后世，光宗耀祖。“扬名于后世”是“立身行道”的自然结果，而不是孜孜以求的功利标的。

“亡念尔祖，聿修其德。”

这两句诗出自《诗经·大雅·文王》，诗三百篇中相当著名的一首。其内容是周人追述、赞美文王事迹并告诫成王。诗的作者，后人多认为是周公旦。周原为商朝属国。周文王执政期间，经过一系列的文治武功，和平崛起，成为商朝西边的一个强大的国家。周文王也被人称为“西伯”。西伯在位50年，为其子周武王灭商打下了雄厚的基础。

该诗起首的四句是广为传诵的经典诗句：“文王在上，于昭于天。周虽旧邦，其命维新。”文王神灵在天上，在天之上放光芒。岐周虽是旧邦国，接受天命气象新。而“亡念尔祖，聿修其德”，加上其后的两句“永言配命，自求多福”，也是熟为人知的名句。亡，通无。聿，音 yù，述，遵循。这四句的大意是：牢记祖德永勿忘，继承祖德发荣光。常顺天命不相违，要求幸福当自强。

砚池堂夜话

变态的“二十四孝”，可以休矣！

前些年北京的一家杂志要做一个现代解读二十四孝的专题，约我写一篇文章。我问负责该专题的策划编辑说，你读过鲁迅散文集《朝花夕拾》里的那篇《二十四孝图》吗？之所以这么问，原因有二：其一是对鲁迅先生抨击“愚孝”的认同；其二就是对歪曲孝道的所谓“二十四孝”本能的反感。

我们在这一章中讲了什么是孝。“夫孝，德之本也。”孔子将“孝”的主要内容归纳为三条：“始于事亲，中于事君，终于立身。”用笔者的话来说，这就是孔子的“孝道三段论”，大体相当于我们今天讲的公民责任、公民素质：首先要爱护身体，事奉双亲；其次是出社会做事，要忠于祖国，忠于人民；人生的终极追求就是立身行道，止于至善。孔子所云的孝是极其广博的，绝不是局限于单纯的赡养父母、孝顺双亲，更强调“移孝作忠”，“修齐治平”，所谓“小孝治家、中孝治企、大孝治国”是也。

孔子认为孝是至德要道，以训天下，可以建设和谐社会（“民用和睦，上下亡怨”）。孔子曾说过，“吾志在《春秋》，行在《孝经》（我的志向在《春秋》里看得到，我的行为在《孝经》里学得到）”。孔子提倡的孝道，绝不是中国进入帝制社会中后期即宋元明清时所宣扬的“愚忠愚孝”。那些所谓“君令臣死，臣不得不死；父令子亡，子不得不亡”，其实是对《孝经》的最大歪曲。比如在《孝经·谏争章》中就有：“故当不谊，则子不可以不争于父，臣不可以不争于君。故当不谊，则争之，从父之命，又安得为孝乎？”不谊（义）不争（诤），是为不孝。一味顺从的人，在孔子眼中绝不是忠臣孝子。愚忠愚孝的观念，是后世统治者为了奴化百姓，将“孝”工具化、愚民化的一大发明。而《二十四孝图》就是在这样的一个大背景下应运而生的。

所谓《二十四孝图》，是元朝画家郭居敬辑录古代 24 个孝子故事绘制的一本通俗图画书。鲁迅先生幼年时从一位长辈手中获赠该书，“这虽然不过薄薄的一本书，但是下图上说，鬼少人多，又为我一人所独有，使我高兴极了。那里面的故事，似乎是谁都知道的；便是不识字的人，例如阿长，也只要一看图画便能够滔滔地讲出这一段的事迹”。但其中不少的故事，将“肉麻当作有趣”，“以不情为伦纪，诬蔑了古人，教坏了后人”（《朝花夕拾·二十四孝图》）。用我们今天的话来说，这个“二十四孝图”，就是一本超级畅销的儿童绘本书，从诞生至今 600 余年，流传甚广，影响甚大，对世人的毒害也甚深。

郭居敬的《二十四孝图》里，有好些故事都是极其变态的。比如“郭巨埋儿”、“老莱娱亲”、“卧冰求鲤”等等。鲁迅坦承像“郭巨埋儿”这样的故事，给他幼小的心灵留下的阴影曾久久不能散去。晋代有个叫郭巨的，原本家道殷实，父亲死后，他把家产分为两份，给了两个弟弟，自己独养母亲，对母极孝。后来家境逐渐贫困，妻子生一男孩，郭巨担心养这个孩子必然影响供养母亲，就和妻子商量：“儿子可以再生，母亲死了不能复活，不如埋掉儿子，节省粮食好供养母亲。”夫妻遂把儿子抱出，挖坑要埋。幸好挖出一坛金子来，才免了儿子一死。鲁迅写道：“我最初实在替这孩子捏一把汗，待到掘出黄金一釜，这才觉得轻松。然而我已经不但自己不敢再想做孝子，并且怕我父亲去做孝子了。家境正在坏下去，常听到父母愁柴米；祖母又老了，倘使我的父亲竟学了郭巨,那么,该埋的不正是我么?……我从此总怕听到我的父母愁穷,怕看见我的白发的祖母,总觉得她是和我不两立,至少,也是一个和我的生命有些妨碍的人。后来这印象日见其淡了,但总有一些留遗,一直到她去世……"

而"老莱娱亲",让年幼的鲁迅最反感的就是"诈跌"。《二十四孝图》叙老莱子事云:"行年七十,言不称老,常着五色斑斓之衣,为婴儿戏于亲侧。又常取水上堂,诈跌仆地,作婴儿啼,以娱亲意。"鲁迅说:"无论忤逆,无论孝顺,小孩子多不愿意'诈'作,听故事也不喜欢是谣言,这是凡有稍稍留心儿童心理的都知道的。"鲁迅成年后,在较古的书上查得师觉授《孝子传》云:"老莱子……常衣斑斓之衣,为亲取饮,上堂脚跌,恐伤父母之心,僵仆为婴儿啼。"(《太平御览》四百十三引)鲁迅感慨道,这一记载比二十四孝图"稍近于人情"。他不明白为什么后之君子一定要改得老莱子"诈"起来,心里才舒服。这是怎样变态的心理。"正如将'肉麻当作有趣'一般,以不情为伦纪,诬蔑了古人,教坏了后人。"

至于"卧冰求鲤",则是另外一种残忍和谎言。如果是在冻得结实卡车都能开过江面的东北,卧冰求鲤等于缘木求鱼,不仅于事无补反倒可能冻伤身体。如果是在冰雨飘雪的江南,水面上结的只是一层薄冰,小孩子还没来得及卧倒上去,肯定就已经是哗啦一声,冰破落水,鲤鱼就是打挺也都不及游过来。当然,编故事的人意在宣扬孝感神明,只要不顾性命,奇迹就是必须的。但你编故事可以,但至少也要有点技术含量,不要装佯,不要侮辱孩子的智商。

鲁迅在《二十四孝图》一文的结尾写道,"这些老玩意,本来谁也不实行",多看几本书就能明白,"可以抵抗被埋的理由多得很……这大概是送给《二十四孝图》的儒者所万料不到的罢"。今天,我们一边重读《孝经》,一边重读鲁迅先生的《二十四孝图》,可以得到这么几个启示:一、被歪曲的真理终究是真理,不是说掩盖曲解就能被掩盖曲解的,比如《孝经》的本义;二、统治者的宣传手法,如果像"二十四孝"这样太过于低劣,起到的效果往往就会是反宣传;三、谎言重复一千遍绝不会因为声势浩大就能成为真理,迟早会遭到历史和后人的无情嘲讽。

超级链接

大道之行也,天下为公。选贤与能,讲信修睦,故人不独亲其亲,不独子其子，使老有所终，壮有所用，幼有所长，鳏寡孤独废疾者，皆有所养。

（《礼记·礼运篇》）

孝子之至，莫大乎尊亲；尊亲之至，莫大乎以天下养。为天子父，尊之至也；以天下养，养之至也。

（《孟子·万章上》）

夫孝，百行之冠，众善之始也。

（《后汉书·江革传》）

《孝经》所讲孝字，几乎无所不包，无所不至……所以孝字更是不能不要的。国民在民国之内，要能够把忠孝二字讲到极点，国家便自然可以强盛。

（孙中山《三民主义》）

天子章第二

子曰："爱亲者，不敢恶于人，敬亲者，不敢慢于人。爱敬尽于事亲，然后德教加于百姓，刑于四海，盖天子之孝也。《吕刑》云：'一人有庆，兆民赖之。'"

——砚池堂本《孝经》第二章

释要

从这一章起开始讲具体的"五孝"。第一个讲的是天子之孝，也就是我们今天所说的领导者的孝。孝道要从最高层做起，孝道就是领导力。天子垂范孝道，就能上行下效，无为而治。

通解

孔子说："作为天子，不但要亲爱自己的父母，而且要教化天下的臣民都不敢以恶行对待自己的父母；不但要尊敬自己的父母，而且要教化天下的臣民都不敢对自己的父母怠慢。天子的博爱广敬之心在侍奉父母中充分体现出来，然后把这种德行教化施之于普罗百姓，垂范四海，这就是天子的孝道。

"《尚书·吕刑》里说：'只要天子一人做到敬亲爱亲，那天下万民都会欢欣鼓舞地仰赖效法，而敬爱他们自己的父母了。'"

消逝的字符

本章经文我们可分解为两部分:(一)自“子曰”以下至“盖天子之孝也”,说明领导者的领导力,来自“孝道”的德育教化。(二)结尾引用尚书里的两句话,说明“圣人抱一而为天下式”(老子语),天子如实行孝道,将天下效法,社会和谐。

“爱亲者,不敢恶于人,敬亲者,不敢慢于人。爱敬尽于事亲,然后德教加于百姓,刑于四海,盖天子之孝也。”

这一节经文有几个关键字。恶,凶恶。慢,怠慢。加,施加。刑,坊间一般做效法解,但笔者认为刑通“型”,是垂范之意。

“所谓爱亲者,敬亲者,是天子身行爱敬也;不敢恶于人,不敢慢于人者,是天子施化,使天下之人皆行敬爱,不敢慢恶于其亲也。”(唐·邢昺)天子之孝有两个重要内容:第一,天子必须具备博爱广敬的心;第二,天子必须承担以德行教化子民的责任。

上有所好,下必甚焉。民间俗话说上梁不正下梁歪。天子之孝至关重要,关系到一个国家、地区的兴亡成败。无论是哪个国家的领导人,还是哪个企业的掌门人,其德行的好坏,直接决定了其基业能否长青。另外有资料文献显示,世界500强中那些长盛不衰的企业,都有一个共同的秘密,那就是每一任CEO都注重员工的培训和教育,重视企业文化的发展,这就是掌握了“孝”这一至德要道。以孝训企,安人顺意,焉能不兴旺发达?

“《吕刑》云:‘一人有庆,兆民赖之。’”

这一句话出自《尚书》的《吕刑》篇。该篇是我国历史上第一次立法大会召开之际,最高领导人周穆王对外发表的一篇重要讲话。当年周穆王接受了大臣吕侯的建议,废止了严酷的旧法,以“明德慎罚”为指导原则,制定了一部新的法典。因为是吕侯主持修订,故称之为《吕刑》。而吕侯又做过甫侯,故在今文本中“吕刑”改作了“甫刑”。

在《吕刑》篇中,“一人有庆,兆民赖之”后面还跟有4个字:“其宁惟永。”在这里,庆,善也;赖,利也。这12字的意思就是:只要天子一人做到敬亲爱亲,那天下万民都会欢欣鼓舞地仰赖效法,而敬爱他们自己的父母了。国家就会得到长治久安。

砚池堂夜话

经典的《古文观止》,劝孝第一

先讲一个真实的故事。有一次,我去长沙,给一家企业做管理咨询。该企业的董事长自己开车来接的我。在去往企业的途中,他特意拿出一张讲座碟在车上播放,说让王老师看一看,这个人讲得如何。我一般不太愿意听同行的"吹水",因为失望的经验实在是太多。既然是董事长推荐,那姑且先听一下。刚好那一讲是讲中国式管理。那个"十大讲师"称中国式管理的精华就在这"天道"、"师道"、"孝道"三道。说天道就是献祭天地,师道就是以能者为师,孝道就是尊重祖先……我只听到他来来回回、插科打诨,输出他那"三道"理论,却看不到他的输入源在哪里。哪怕是提一句《孝经》、《老子》的原典,抑或《论语》的原文,抱歉我一句也没听到,只好敬谢不敏。我的态度很明确,如果讲中国式管理的人,不能对《老子》、《论语》、《孝经》这三部书烂熟于胸的话,那基本就是假大仙了。

不过,那个哥们讲的有一点倒是很实在的,他让企业要善待公司的元老,说这在古代叫敬祖。不懂得敬祖的企业,是没有凝聚力的,也不可能发展得好。人走了茶不能凉,否则会让后来的人看在眼里、寒在心里。其实这就是我所说的孝道管理,行孝才会有忠,只有把企业元老的照片都挂在墙上,新来的员工才会有触动,才会明白这家企业是有传承的,自己也是其中的一环……我知道有一家金融机构,员工队伍比较稳定,流失率不高。我问他们的人力资源总监是怎么办到的,他告诉我说,无他,每个员工都有一个专属他本人的公司编号而已。员工入职时把编号告诉他,他是本公司第多少号员工。这个公司的编号就是流水号,哪怕是新来一个副总裁,他的编号也一定会是最新启用的一个号,不会往前排。而若有一个员工离职,那个编号依然为他空着。如果哪天他又回来了,他还可以重新使用这个专属号。在公司里,只要看工号,就知道谁是元老,谁是前辈,谁是新人,大家敬老爱幼,和谐有序。我说,你们这一招深得了中国式管理的妙用,等于是在公司的祖庙里给每个员工都上了一个牌位,以孝治企,员工焉能不忠诚。

借用一句东北二人转的行话，前面那是一段小帽，更精彩的马上登场。话说我们上一章的夜话讲的是《变态的“二十四孝”，可以休矣！》，这一章我们就来对应讲一个《经典的〈古文观止〉，劝孝第一》。如果说《二十四孝图》是我国600年来在民间超级畅销的一部绘本书，那么《古文观止》则是我国300年来在民间超级畅销的一部美文集。其中所收的文章，都是值得中国人在一生中反复诵读的经典。其编选者吴楚材、吴调侯叔侄，只是两个默默无闻的读书人。当年这本书问世之初，这一对叔侄没有找一票名人来做推荐，好像也没有搞什么狗血噱头来做营销，但就是不胫而走，靠的就是用过的人都说好。最有效的营销就是把产品做好，有好的口碑自然就能销售长红。这又扯远了。

《古文观止》精选了从西周至明代的传世佳作两百余篇，但作为卷首的，用我们今天的网络潮语就是“置顶的”，第一个闪亮登场的，是谁？是哪一篇文章可以获得这样的殊荣？噔噔噔噔，答案揭晓：《郑伯克段于鄢》。这篇讲述郑庄公与母亲及胞弟发生政争后，又在大臣的帮助下与母亲重修其好的故事，发人深思。它不仅是《古文观止》这个古文选本里的第一篇，也是原书《左传》中的第一篇。如此安排，可见古人对“天子之孝”的高度重视。

故事的前半截是一场惊心动魄的宫心计。

当年，郑武公娶了申国国君的女儿为妻，叫做武姜；生下了庄公和共叔段。庄公出生时难产，使姜氏受了惊吓，所以取名叫“寤生”，武姜因此讨厌庄公。武姜疼爱共叔段，想立他为太子，多次向武公请求，武公都没有答应。到庄公即位的时候，武姜就替共叔段请求分封到制邑去。庄公说：“制邑是个险要的地方，从前虢叔就死在那里，若是封给其他城邑，我都可以照吩咐办。”武姜便请求封给太叔京邑，庄公答应了，让他住在那里，称他为京城太叔。

大夫祭仲说：“分封的都城如果城墙超过三百方丈长，会成为国家的祸害。先王的制度规定，国内最大的城邑不能超过国都的三分之一，中等的不得超过它的五分之一，小的不能超过它的九分之一。现在，京邑的城墙不合法度，不符合法制，您的利益会受到损害。”庄公说：“姜氏想要这样，我如何躲开这种祸害呢？”祭仲回答说：“姜氏哪有满足的时候！不如及早处置，别让祸根滋长蔓延，一滋长蔓延就难办了。蔓延开来的野草都很难铲除干净，何况是您那受宠的弟弟呢？”庄公这时说了一句注定会成为千古名言的话：“多行不义必自毙”，大家姑且等待，少安毋躁。过了不久，太叔段把原来属于郑国的西边和北边的边邑变成两属之地，既属于郑又归为自己。公子吕对庄公说："国家不能有两个国君，现在您打算怎么办？您如果打算把郑国交给太叔，那么我请求去服侍他；如果不给，那么就请除掉他，不要使百姓们产生疑虑。"庄公说："不用管他，他自己会遭到灾祸的。"太叔又把两处地方改为自己统辖的地方，一直扩展到廪延。公子吕说："可以行动了！土地扩大了，他将得到老百姓的拥护。"庄公说："对君主不义，对兄长不亲，土地虽然扩大了，他最终会垮台的。"

共叔段修整了城郭，准备好了充足的粮食，修缮盔甲兵器，准备好了步兵和战车，将要偷袭郑国都。武姜准备为共叔段打开城门做内应。庄公知道了共叔段偷袭郑的日期，说："可以出击了！"于是命令子封率领二百辆战车，去讨伐京邑。京邑的人民背叛共叔段，共叔段于是逃到鄢城。庄公又追到鄢城讨伐他。五月二十三日，共叔段逃奔去了共国。

讲到这里，还只是一个在权力的野兽面前，母不为母、兄不为兄、弟不为弟的，不忠不义不孝不悌的故事。我们接下去再看。

在赶走共叔段之后，郑庄公也处置了母后武姜，将其流放幽禁到了城颍，并且发下重誓说："不及黄泉，无相见也（不到死后下黄泉，永不见面）！"可见当时郑庄公有多恨母亲姜氏。过了些时候，庄公就后悔了。

这时颍谷管理疆界的官吏颍考叔，听说了这件事，就去国都给郑庄公进献贡品。庄公赐给他饭食，颍考叔在吃饭的时候，把肉留着。庄公问他为什么这样，颍考叔答道："小人有一个母亲，我吃的东西她都吃过，只是从未吃过君王的肉羹，请让我带回去送给她吃。"庄公说："你有个老娘可以孝敬，唯独我没有了！"颍考叔说："请问您为什么这么说？"庄公把原因告诉了他，还告诉颍考叔他后悔的心情。颍考叔答道："您有什么忧虑的？如果掘地见水，只要挖成个隧道去见面，那谁能说这不是黄泉相见？"庄公听从了颍考叔的话。走进隧道见到武姜，庄公赋诗道："大隧之中，其乐也融融（大隧之中相见啊，多么和乐相得）。"武姜走出隧道，赋诗道："大隧之外，其乐也泄泄（大隧之外相见啊，多么舒畅快乐）。"于是姜氏和庄公恢复了母子关系。

《左传》的作者在篇尾赞叹颍考叔是位真正的孝子，他不仅孝顺自己的母亲，而且把这种孝心推广到郑庄公身上。《诗经·大雅·既醉》篇说："孝子不匮，永锡尔类（孝子不断地推行孝道，永远能感化你的同类）。"

超级链接

老吾老以及人之老，幼吾幼以及人之幼，天下可运于掌。

（《孟子·梁惠王篇》）

故爱其亲，不敢恶人；敬其亲，不敢慢人。爱敬尽于事亲，光耀加于百姓，究于四海，此天子之孝也。

（《吕氏春秋·孝行篇》）

资父事君，曰严曰敬。孝当竭力，忠则尽命。

（《千字文》）

君行博爱广敬之道，使人皆不慢恶其亲，则德教加被天下，当为四夷之所法则。

（唐玄宗李隆基）

忠孝二德，人格最要之件也。二者缺一，时曰非人。……人非父母无自生，非国家无自存。孝于亲，忠于国，皆报恩之大义。

（梁启超）

诸侯章第三

子曰:“居上不骄,高而不危。制节谨度,满而不溢。高而不危,所以长守贵也。满而不溢,所以长守富也。富贵不离其身,然后能保其社稷,而和其民人,盖诸侯之孝也。《诗》云:‘战战兢兢,如临深渊,如履薄冰。’”

——砚池堂本《孝经》第三章

释要

诸侯,天子所分封的列国侯王。本章是继上一章讲天子之孝后,专论包括公、侯、伯、子、男五等爵位在内的诸侯如何行孝。居上不骄、制节谨度,为诸侯孝道的基本要求。

通解

孔子说:“身为诸侯,在众人之上而不骄傲,位置虽高也不会有倾覆的危险;地方财政节俭有制,度用谨慎,即便是家底殷实也不会奢靡。

“居高位而没有倾覆的危险,所以能够长久保持自己的尊贵地位;家底殷实而不奢靡,所以能够长久地守住自己的财富。诸侯能长期保持他的财富和尊位,然后就能长期保有家国,使民众和睦相处。这样居上不骄和制节谨度的作风，大概就是诸侯的孝道。

“《诗经》上说：‘战战兢兢，诫惶诫恐，就像身临深渊，就像脚踩薄冰。’”

消逝的字符

本章经文我们可分成三小节。(一)章首至“满而不溢”。孔子用了16个字点出了诸侯的处世哲学。诸侯享有封“国”，对上是“天子”，对下是本“国”子民。做得好，就是上得天子信任，下受民众拥戴；做不好，不是天子猜忌，便是民众怨恨。天子和民众之间的平衡之道，就在这“居上不骄，高而不危。制节谨度，满而不溢”。(二)自“高而不危”到“盖诸侯之孝也”，说明“不危不溢”，“长守富贵”，乃诸侯立身行远之策，有财斯有土，有土斯有人，诸侯之孝，在于权位不失，守土安民。(三)引《诗经》证道，告诫诸侯恒须戒慎。

“居上不骄，高而不危。制节谨度，满而不溢。高而不危，所以长守贵也。满而不溢，所以长守富也。”

这一节文字比较好懂，其思想内核与《老子》所云“侯王毋已贵以高，将恐蹶”吻合。只不过一个是正面论述，一个是负面警示。另外，《孝经》的论述更为详尽，并讲明了操作路径。

诸侯的地位，仅次于天子，有权又有钱。位高者，首先面临的是如何用好权的考验。要注意以下层为建业之基石，也就是老子所言的“必高而以下为基”。只有谦恭下士，不骄不傲，才能防止垮台的危险。其次，就是怎样管好钱。地方财政收入，只有量入为出，勤俭操持，才能做到不出赤字，国库充盈。有了良好的制度保障，就不容易奢靡浪费。这也就是老子所言的“必贵而以贱为本”。欲保持富贵，就不能忘记贫贱节俭为立身之本。用好权，管好钱，这样才能长守贵，长守富。富贵不离身，基业得长青。

这一段文字在《吕氏春秋》“察微”篇中被一字不差地引用，而且冠之以“《孝经》曰”。这也证明了《孝经》成书早于《吕氏春秋》。

“战战兢兢，如临深渊，如履薄冰。”

这几句诗出自《诗经》“小雅”里的《小旻》。孔子在这里引述这一段话，其实就是告诫居上、富贵的地方诸侯，要常存谨畏之心。戒慎恐惧，谦卑行孝，这才是诸侯立身行远、笑傲江湖的至德要道。

笔者在《破玄:老子的密码》一书中曾讲述过有关黄帝金人铭的故事。周武王问尚父(姜子牙)曰:“五帝之诫可得闻乎?”尚父曰:“黄帝之诫曰:吾之居民上也,摇摇恐夕不至朝。尧之诫曰:吾之居民上也,振振如临深渊;舜之诫曰:吾之居民上也,兢兢如履薄冰。禹之诫曰:吾之居民上,栗栗恐不满日。汤之诫曰:吾之居民上,战战恐不见旦。”这里面讲的就是上古五帝黄帝、尧、舜、禹、汤,自曝居民之上的感受。这种相似的感受或许是上古五帝以德治天下扬名于后世的重要原因。

砚池堂夜话

周朝八百年国运从何而来?

“前不见古人,后不见来者。念天地之悠悠,独怆然而涕下。”这首《登幽州台歌》,是唐代大诗人陈子昂的慷慨之作。陈子昂的这首诗中的“古人”具体指什么人,一直有多种解释。其中比较靠谱的一种,认为指的是前代能够任用贤士的君王。遥想当年,陈大诗人也是一个具有政治见识和政治才能的政论家,曾经多次对武则天时期的许多弊政提出批评,犯颜直谏。但是均未得到采纳。最后还因“逆党”株连而下狱,忧愤而死。所以,陈一生最大的遗憾,就是未能遇上一个礼贤下士的明君。今天的夜话我们要讲的就是这样的一位君王,周朝的先王——西伯姬昌周文王。

商末,周族的势力大增,引起了商王朝的注意。周文王继位后,提倡孝道,广施仁政,天下不少有贤德的人都争相来归附西伯。一天中午,西伯正在吃饭,有人来报,进屋看到他在吃饭,转身就要走。西伯叫住问:“你有什么事情吗?”那人支支吾吾地答道:“外面有大臣求见。”西伯立刻放下碗筷说:“还不早说,赶快请进来!”大臣们听说这件事情后,对他产生了由衷的敬意,更加爱戴他。伯夷和叔齐是两位隐士,居住在孤竹,听说西伯很慈爱,也就一起前来归附。

商朝的奸臣崇侯虎在纣王的跟前诋毁西伯说:“如今西伯处处行善积德,很多诸侯都听他的话,这些人总是凑在一起议事,恐怕将来会对你不利啊!”纣听信了他的话,把西伯召到商都,随后囚禁在羑里。直到周人闳夭、散宜生等人给纣王进献了大量的美女宝器,姬昌才被放了出来。当时纣王因收礼收到手软，心情大好，哈哈大笑说：“光有几个美女就可以换回西伯，何况还有那么多宝贝！”于是不光放了西伯，还赐给他弓箭斧钺，授予他讨伐诸侯的特权。西伯临走之时，纣王还趴在他的耳边说：“崇侯虎给我说了你的坏话，是他让我把你关起来的。”

据说当年西伯被囚禁在羑里的时候，把《易》里的八卦推演成了六十四卦，这就是后人相传的“文王演八卦”的故事。

西伯回去以后，献出洛水以西的大片土地，并请求纣王废除炮烙之刑，纣王答应了他，百姓们都说西伯做了一件大好事。西伯推行仁政，诸侯之间一有纷争就来请他解决。西伯每次都能作出公正的裁断，让他们满意而归。当时，虞和芮两地的居民因为地界不清，经常闹矛盾，长年争吵不休，谁也解决不了。他们听说西伯公正严明，就吵吵嚷嚷地来到了周地。刚刚进入周的地界，那些人就都停下来了，只见周地上耕作的百姓们，个个对人都彬彬有礼，种地也互相谦让地界，而且风俗习惯都很好，老人爱护孩子，年轻人也很尊敬老人，一片其乐融融的景象。他们很惭愧，再也不争着吵着去见西伯了，互相对对方说：“我们所争论的事情，周族的人都会感到可耻，咱们哪还有脸去见西伯啊？见了他也是白白招来羞辱，我们干脆别去自讨没趣了！”回去后，这些人也都互相谦让了，还把在周的所见所闻大大地宣扬了一番。于是西伯成了人们心中理想的圣人。人们都说：“这样的人可能是上天派来承受天命的君主啊！”

一年后，西伯征伐犬戎部族。又过了一年，征伐密须部族，接着又打败了饥国。殷朝的祖伊听说了这些事，很恐惧，就跑来报告纣。纣若无其事地说：“我生来就有天命在，他又能有多大作为呢？”一年后，西伯又讨伐了邗国，再过一年，又征伐了崇侯虎。他建造了丰邑，并把国都从岐下迁到丰邑。后来，西伯去世，太子姬发继承王位，姬发就是周武王。而周文王生前开创的事业，为儿子周武王消灭商纣已经打下了坚实的基础。

据史料记载，周文王、周武王父子都是大孝子。周文王的父亲是王季，周文王对他的父亲非常孝顺，“晨则省，昏则定”。每天早上、中午和晚上，他都一定前去问候他的父亲，看看父亲睡得好不好，吃得好不好。假如父亲的胃口不太好，他知道了之后，内心就会很着急。等父亲的身体稍微舒适，吃得比较正常时，他才觉得宽慰。父母有过错，他和颜悦色地劝谏；父母喜爱的，即使是小东西他也恭敬地奉上。这就是“周文王喜忧因亲”的典故。《亢仓子》曰：“是故孝成于身，道洽天下（所以孝心成全了他自身，德行遍润于天下）。”

由于周文王做出这样的榜样，周武王侍奉周文王也非常的孝顺。有一次周文王生病了，周武王服侍在侧十二天，没有宽衣解带，连帽子都没有摘下来，时时刻刻都在照顾他的父亲。由于这份孝心，周文王的病很快就好转了，所谓"至诚感通"。有人评说，周朝绵延八百五十六年，原因何在？就在于周朝以"孝"治天下。孝悌的概念在朝野都有了相当扎实的基础。

跟周文王有关的还有一则"悌"的佳话。周文王的父亲是王季，王季有两位兄长，一位是泰伯，一位是仲雍。他们三兄弟都是太王所生，太王是周文王的爷爷。周文王出生的时候，他非常欢喜，觉得这个孙子是圣主之相。而文王的大伯、二伯(就是泰伯跟仲雍)看到父亲如此疼爱孙子，两个人就相约，以父亲生病的名义上山采药。这样一上山，就再也没有回来，把天下让给了他的弟弟王季，进而传位给周文王。泰伯和仲雍这种作法也是尽到了孝心，他要让父亲放心做事，不希望父亲因为他们两兄弟而有所顾忌，而不传位给他的弟弟王季。后人评说，这一让让出了孝，让出了悌，还让出了忠。成全了父亲的心意，也成全了兄弟的情义(连天下都可以让，还有什么事可以令兄弟不和?)，更忠于天下百姓(让出了王位，可以让周文王领导全国人民)。所以，在周朝，上行下效，人民以这些圣贤为榜样，个个都懂得礼让，成就了国家非常良好的风气，国运强盛也就久久不衰，绵延八百多年。

超级链接

子曰："君子无众寡。无小大，无敢慢，斯不亦泰而不骄乎？"

(《论语·尧曰》)

居上不骄，为下不倍。国有道，其言足以兴；国无道，其默足以容。

(《中庸》)

孔子曰："聪明圣智，守之以愚；功被天下，守之以让；勇力抚世，守之以情；富有四海，守之以谦。"

(《荀子·宥坐》)

诸侯，列国之君。贵在人上，可谓高矣；而能不骄，则免危也。费用约俭，谓之制节。慎行礼法，谓之谨度。无礼为骄，奢泰为溢。

(唐玄宗李隆基)

卿大夫章第四

子曰："非先王之法服，不敢服。非先王之法言，不敢道。非先王之德行，不敢行。是故，非法不言，非道不行。口无择言，身无择行，言满天下无口过，行满天下无怨恶。三者备矣，然后能保其禄位，而守其宗庙，盖卿大夫之孝也。诗云：'夙夜匪解，以事一人。'"

——砚池堂本《孝经》第四章

释要

卿大夫为仅次于诸侯的高级官员，他们的职责主要是具体执行政令。孔子将卿大夫之孝排在五孝中的第三位，规定得具体而实在，主要有个三方面：服饰、言语、行为。卿大夫的孝道，重点就是在言语上、行动上、服饰上，均要合于礼法，为百姓做好表率。

通解

孔子曰："作为卿大夫，不是符合先王礼法规定的衣服，不敢乱穿；不是符合先王礼法之言，不敢乱讲；不是先王制定的行为准则，不敢乱来。

"不合乎礼法的话不说，不合乎礼法的道不行，所以就会口无失礼之言，身无失礼之行。言语传遍天下而没有过失，行事传遍天下也不会遇到怨恨。

服饰、语言、行为这三点都能做到遵从先王的礼法准则，全备无缺。然后才能守住自己祖宗的香火延续兴盛，自己的宗庙永远有子孙祭祀。这就是卿大夫当行的孝道。

“《诗经》里说：‘从早到晚不敢懈怠，尽心尽力奉事天子。’”

消逝的字符

本章经文可以分为三部分。(一)从“非先王之法服”至“不敢行”。说明卿大夫的服饰、言语、行动，应特别注意，不能僭上逼下，行差言错。(二)自“是故非法不言”至“卿大夫之孝也”。指出服饰、言语、行动三者全备无亏，才能长守宗庙之祀。(三)最后一部分还是引《诗经》为证。

“非先王之法服，不敢服。”

法服，指先王制定礼服五等，即天子、诸侯、卿大夫(卿和大夫，这是两个阶层)、士。这五种人的服饰是有等级差别的，主要的区别在于衣裳上装饰图案的不同。用我们今天的话，有了严格的“制服控”。作为卿大夫，他们要遵守礼法，服装是不可以乱穿的。比如说，卿或大夫穿了天子的服装，那就是冒犯天子；也不能穿诸侯的服装，那就是冒犯了国君；他们只能穿自己卿和大夫的服装，不能“僭上逼下”。“僭上”，就是冒犯长上，如果穿了下面阶层的服装，就逼迫到下面不知道穿什么了。而且那时的人们已经懂得使用服饰语言进行身份表达。比如上朝时，一看到服装上面的花纹图案，就知道对方是什么官阶，位卑的人要主动向位尊的人行礼。

顺便介绍一点文化史常识。卿、大夫是西周、春秋时国王及诸侯所分封的臣属，地位次于诸侯。诸侯在其国由世子世袭，诸侯的众子则封为卿、大夫。卿、大夫自己的封邑由嫡长子世袭，卿、大夫的众子则被封为士。卿、大夫接受国君封给的都邑，世袭对都邑的统治权，服从君命，对国君有定期纳贡赋和服役的义务。

“非先王之法言，不敢道。非先王之德行，不敢行。”

所谓“法言”是礼法之言，祖宗定下的规矩，礼和法都要遵守。所谓德行，就是道德操守，行事不可以失德。按唐玄宗的说法，“若言非法，行非德，则亏孝道”。先秦的卿大夫，是天子或诸侯的大臣，相当于我们今天的厅局级干部，属于高级官员，他们为朝廷服务，要遵守朝廷的礼法和规矩，朝廷的荣辱观和利益观。如果“言非法，行非德”，即说了不当的话，不符合礼法之语；做了不当之事，于德有亏，这就是亏损了孝道，如《弟子规》云：“德有伤，贻亲羞。”让父母家族蒙羞。严重的还可能会遭到党纪国法的双重制裁。

“口无择言，身无择行”

一般坊间将此处的“择”字，解为选择，等同于“饥不择食，寒不择衣”之“择”。但又不能直译成：“说话不选择用语，做事不选择行为。”于是将这两句硬拗译为：说话不必选择(因为所言皆合于礼)；行为不必选择(因为所行皆合于礼)。其实谬矣。

择，在这里通“斁”，音 dù。斁，败也，不合礼法也。所以，这两句话的正解当为：口无失礼之言，身无失礼之行。

“夙夜匪解，以事一人。”

在《孝经》里的孔子，很是喜欢引用《诗经》。这两句出自“大雅”中的《烝民》。前面两句是：“既明且哲，以保其身。”说的是主人公知识渊博又明理，保全节操永流芳。日夜操劳不懈怠，全心全意事周王。而在这首诗的上一节中还有四句 16 字，值得玩味：“出纳王命，王之喉舌。赋政于外，四方爰发。”说的是主人公受命司令作掌管，作王喉舌行宣讲。颁布政令达各地，贯彻执行到四方。

这首诗原是赞美周宣王的大夫仲山甫，从早到晚，从不松懈，尽心尽力侍奉周宣王。孔子在这里引用它，是用来赞美那些和仲山甫一样的卿、大夫。

砚池堂夜话

晚年周恩来的一次恸哭

这一章经文讲的是卿大夫之孝。在先秦，卿大夫是君王诸侯的辅佐，上对天子、诸侯，下有文武百官，相当于我们今天的总理、国务委员。卿大夫以拥护元首为第一要务，谨守分际。其主要职责是具体执行政令，要求谨言慎行，忠实、不走样。天子、诸侯看的是决策力，而卿大夫看的是执行力。古往今来,历朝历代辅佐朝政的栋梁之才,不在少数。但能超越历史成为后世从政之人榜样和楷模的,近年来在内地影视作品里大热的大明首辅张居正,勉强算一个。比较没有争议的也就是两周公。一个是辅佐了三代周王(周文王、武王、成王),使周成为强盛大国的周公旦,史称“周公吐哺,天下归心”;一个就是人民的好总理、开国领袖毛泽东一生的政治拍档周恩来,真乃“鞠躬尽瘁,死而后已”。

中央人民广播电台的老记者陈寰,曾写过一篇回忆文章《采访周总理二十年》。其中讲述很多生动传神的细节,可以让我们从细微之处见到周总理的伟大。陈寰在文中说,她敬爱周总理,钦佩周总理,但也有点怕他。“因为他太精明了,明察秋毫,任何大小事务的细节都逃不过他的眼睛。在他面前我总是进退、坐立有序,从不敢轻举妄动。周总理非常注意外交礼节和人的仪表,他以身作则,对自己要求严格,对同志也是一样。比如,按外交部的规定女同志在外交场合的礼服是旗袍和西服。冬天,我怕冷,有时来不及换衣服就穿了短袄和长裤去采访。如果看见总理来了,我就一个劲地往后退,生怕他看见说我太随便……”

还有,在政治外事报道中,排列领导人的名单是重要的一环。记者们自己拿不准的往往就去找周总理把关。而周总理也从不嫌麻烦。陈寰当年在写新闻时总把副总理排在副委员长的前面,思想深处认为那几位副总理都是身经百战的老革命家,是开国元勋,应该排在前头。可是,总理每一次都是把副委员长改在前头,边改边说:“全国人民代表大会是国家最高权力机关,副委员长应该放在副总理前面。”有时她不当心,又把副总理排在前面,总理看后说:“你看看,我改了几次,你又排错了。”说着,他又用笔改过,但并没有因此疾言厉色地对她批评。陈寰还回忆到,在“文革”中,周总理看记者的稿子,看完了,往往还会批示:“请姚文元同志核实。”这是周总理的谨慎之处,也是一种斗争策略,同“四人帮”周旋的战术,叫他们挑不出刺来。

2005年,笔者在香港《大公报》北京新闻中心工作。经友人居中安排,先后拜见过周恩来的侄女周秉德、当年的副总理纪登奎的儿子纪坡民。后来我写了一篇钩沉解密的报道《纪登奎政坛往事》,其中谈到了有关周恩来当着纪登奎面为林彪恸哭一事。据周秉德在其所著的《我的伯父周恩来》一书中披露:

1971年9月13日林彪乘飞机外逃,消息一经证实,有人立即提出用导弹打掉。毛泽东主席摇摇头:天要下雨,娘要嫁人,随他去吧。而伯伯曾拿着话筒向林彪乘坐的三叉戟喊话:“林副主席无论在国内哪个机场降落,我周恩来都去机场迎接。”接着,为了处理这一突发事件,伯伯吃住在人民大会堂,几乎整整三天三夜没合眼。这是许多文章都回忆过的。有一个情节鲜为人知:中国驻蒙古大使馆派人带回的照片,证实了林彪的确折戟沉沙、自取灭亡之后,不断有面色严峻的国家领导人脚步匆匆进出于人民大会堂,弥漫着高度紧张气氛的东大厅里终于恢复了往日的平静。其他人都已经如释重负地离开了,屋里只剩下周恩来、纪登奎。

突然,一阵号啕之声如江水崩堤猛然爆发,这是一种长久的压抑到了极限,终于无法再压抑而爆发的哭声,一种痛楚无比撕肝裂肺的痛哭。纪登奎一下呆住了:不是亲眼目睹,他压根儿不会相信,发出这种哭声的不是别人,正是面对墙壁双肩颤抖的周恩来!就是刚才还和大家一样露出久违的笑容,举杯庆祝这不幸中的万幸的周恩来!自从调到中央工作,纪登奎看到的周恩来永远是从容、镇定、乐观……像今天这样的失控,纪登奎是第一次看见,真感到太意外了,太震动了,以至于平时反应敏捷极善言辞的他,此刻也乱了方寸,话说得结结巴巴:“总理,总理,林彪一伙摔死了,这是不幸中的万幸,应该说是最好的结局了,您该高兴,对不?”讲完他自己才意识到,自己分明在重复着总理刚才讲的话。周恩来回过身来,双肩依然在颤动,脸上老泪纵横,他摇着头,声音嘶哑地反复说:“你不懂,你不懂!”……

而纪坡民在接受笔者的访问时说,父亲没有跟他透露过这一段往事。但他也问过周秉德,周也没有直接从伯父那里听到过这件事,书中所记载的只是她辗转听说来的,纪坡民也质疑这一记载的可信度。巧的是,就在那次采访过后,我意外从一篇中共中央文献研究室、周恩来生平研究小组在“文革”后对纪登奎的采访记录中,找到了当事人纪登奎本人对周恩来这次失态恸哭的回忆记述:

当时最紧张的情形刚刚过去,大家都松了一口气。中央政治局成员还留在人民大会堂集体办公。一天,当时协助国务院业务组的(李)先念和我有事需要向总理汇报,见总理独自一人坐在他临时的办公室里发呆,一副心事重重的样子。我们两人不知道他究竟为什么事情闷闷不乐,便进去好言劝慰。开始时,总理只是听着,一言不发。后来当听我说到“林彪已经自我爆炸了,现在应该高兴才是,今后可以好好抓一下国家的经济建设了”这样一席话时,显然是触动了他的心事,总理先是默默地流泪,后来渐渐哭出声来,接着又号啕大哭起来,其间曾几度哽咽失声。我们两人见总理哭得这么伤心,一时不知说什么好，就站在一边陪着。最后，总理慢慢平静下来，半天才吐出一句话来："你们不明白，事情不那么简单，还没有完……"下面就什么也不肯再说了。

《纪登奎政坛往事》一文在《大公报》见报后，有一位署名"河仁"的读者给我写来邮件，又给我提供了一些市面鲜见的有关纪登奎的资料。并说"纪的故事很多，是个有趣的题目"，希望能继续读到我的《纪登奎政坛往事》续篇。笔者猜测，"河仁"可能就是取谐音"何人"，保不齐就是当年的一位知情人。在这里，我也把他邮件中涉及周与纪的内容附在本章的夜话最后，多一个视角来解读当年的这段秘闻：

网上论及纪登奎，多涉及他 28 岁任许昌地方干部就与毛相识并被一路提拔重用，被毛称为老朋友。你的文章又涉及纪在高层政治的另一面。周是一个轻易不露感情，城府极深的人。周竟在纪登奎面前声泪俱下，失声痛哭，可见周恩来与纪登奎的关系也非同一般。周的表现，绝不会是表演给毛看的，也不会是表演给"四人帮"看的。因为周的话："你们不明白，事情不那么简单，还没有完……"绝对表明他对"文革"的不满和悔恨。这样的情绪是绝不能对外传播的。如不是在自己的心腹之人面前，周是绝不会如此失态。事实证明纪是在毛和周都去世后，"四人帮"下台后，才披露这一故事。如你的考证连他儿子都不知此事。也见纪对周的忠诚。

从现有的文献记载看，纪与周的交往始于 1954 年周恩来视察河南洛阳矿山机器厂，该厂是苏联援建的 156 项大型企业之一，纪当时任厂长兼党委书记。周对该厂极为重视，曾多次前往视察，对纪的工作极为满意。以后在"文革"中，周恩来基本上依靠李先念和纪登奎来管理国务院的工作，李、纪关系极为密切。据周恩来文献组的统计，周在"文革"中数万份批件，有三分之一是直接或间接让交纪登奎办理的，可见周对纪的器重。

超级链接

尧、舜之道，孝悌而已矣。子服尧之服，诵尧之言，行尧之行，是尧而已矣。子服桀之服，诵桀之言，行桀之行，是桀而已矣。

（《孟子·告子下》）

故恶言不出于口，烦言不及于己。

（《曾子·大孝篇》）

是故君子耻服其服而无其容，耻有其容而无其辞，耻有其辞而无其德，耻有其德而无其行。

（《礼记·表记》）

慷慨丈夫志，生当忠孝门。为官须作相，及第必争先。

（《神童诗》）

士章第五

子曰："资于事父以事母，其爱同。资于事父以事君，其敬同。故母取其爱，而君取其敬，兼之者父也。故以孝事君则忠，以悌事长则顺。忠顺不失，以事其上，然后能保其爵禄，而守其祭祀，盖士之孝也。《诗》云：'夙兴夜寐，亡忝尔所生。'"

——砚池堂本《孝经》第五章

释要

这一章主要是讲士人行孝，就在爱、敬、忠、顺四字。士这个阶层在先秦排在天子、诸侯、卿大夫之后，比庶人高。相当于我们今天所谓的精英阶层，包括知识分子、专业人士、经理人、公务员等，换一个比较笼统的字眼，就是中产阶级。

通解

孔子说："士人的孝道，包括爱敬。把爱敬父亲的爱心移来以爱母亲，那亲爱之心是相同的；把爱敬父亲的敬心，移来以敬君长，那恭敬之情也是相同的。所以爱敬的这个孝道，是相关联的，不过对母亲方面，偏重在爱，就取其爱。对君上方面，偏重在敬，就取其敬。爱敬并重，就是侍奉父亲的态度和礼数。

“因此，士人能以事亲之道，竭尽心智，为国出力，服从君上，这便是忠。对于同僚，把对兄长的那份恭敬，用以事奉地位较高年龄较大的长者，这便是顺。士人的孝道，就在移爱作忠，移敬为顺。只要时刻不忘这忠顺二字，对君上忠诚，对长辈恭顺，自然能保有其爵位和俸禄，光先耀祖的祭祀，也可得以持续。这就是士人的孝道。

“《诗经・小雅・小宛》说：“要早起晚睡地去实行，不要辱及你的生身父母。”

消逝的字符

本章经文我们可以分成三部分。(一)从“子曰”到“兼之者父也”。说明移孝作忠的诚心所本，事父，事母，事君，爱敬之心相同。事母、事君爱敬各有偏重，事父则兼而有之。(二)自“故以孝”至“盖士之孝也”。士的孝道，以忠顺不失为要务。只有做到了这两个字，才能保住自己的爵位、俸禄，才能使父母有所养，祖宗有所祭。(三)最后一部分仍是引诗为证。士人行孝，最基本的就是勤勤恳恳地做好分内之事，尽忠职守，不要游手好闲，以致遗羞辱及生身父母。

“资于事父以事母，其爱同。资于事父以事君，其敬同。”

在今文本中，这段话中的两个“其”字被“而”取代，改得有点莫名其妙。“资”在此，就是用、取的意思。用侍奉父亲的心来侍奉母亲，这是讲事父和事母的心在爱上是相同的，爱父亲也爱母亲，这是讲“亲爱”；用事奉父亲的心来奉事国君，这是讲事父和事君的心在敬上是相同的，敬父亲也敬君上，这是讲“敬爱”。父母君长爱敬一同。

“以孝事君则忠，以悌事长则顺。”

古人讲“以孝事君”，我们今天讲的则是“以孝事上”。要用我们对父亲的那份孝心，去事奉带你成长的领导。我们对工作负责任的态度，就是忠心。用敬兄长的心来敬领导，那就能够和顺。既有忠心，又能和顺，用这样的态度去面对工作和领导，你就能够“保其爵禄，而守其祭祀”。“爵禄”二字在今文本中被改成了意思差不多的“禄位”，大致相当于我们今天说的职位、薪水。

只要我们工作忠心,对上级和顺,就能保爵禄、守祭祀——能够继续保持不错的职位和薪水,进而让自己的家人、家族得以良好地延续。这就是“士之孝”。

“夙兴夜寐,无忝尔所生。”

这是《诗经·小雅·小宛》里的句子。“夙兴”是早起,“夜寐”是晚睡。早起晚睡,即起早贪黑地工作。“无忝尔所生”,不要让自己的父母遭受耻辱。“忝”是羞辱,“所生”,指父母,我们是父母所生的,不能让我们的生身父母,因我们而感到羞耻。这也就是说,一个真正懂得孝道的士人,在做事的时候,会知道需要尽心竭力的。因为他怕自己做不好事,会使父母蒙羞。

砚池堂夜话

大师季羡林:国家领导人面前讲真话

这一章经文讲的是“士”如何行孝道。古代一般把好学的读书人、君子称为士人。孔子的学生子贡,在《论语》里曾经问孔子什么是士。“子贡问曰:‘何如斯可谓之士矣?’”子贡问,什么人才能够称为士人?孔子回答说:“行己有耻,使于四方,不辱君命,可谓士矣。”“行己有耻”,一个“耻”字,是古代读书人立身行道的根基。志在圣贤的“士”,行为要规矩,要对自己的内心负责,绝不能做无耻之徒。“使于四方,不辱君命”,说的是“士”的社会责任,要对自己的身份负责。要做个堂堂正正的君子,不做亏心事,不说违心话。仰不愧于天,俯不怍于人。不要让自己的领导、君亲受辱蒙羞。孔子的“士”的标准,有点类似我们今天媒体上爱用的一个概念:“公共知识分子”。在古代,也有一个类似“公共知识分子”但比它还要高一点的称谓,就是“国师”。

说到“国师”,2009年作古的季羡林老先生可以算是当代中国的一位“国师”级人物。温家宝总理曾五次看望季老,称赞他“一生坎坷,敢说真话,直抒己见”,值得人们学习。并称其著述“不仅是个人一生的写照,也是近百年来中国知识分子历程的反映”。季老曾被授予CCTV2006年“感动中国”人物。颁奖词用了这样一段话来描述这位大师:“智者永,仁者寿,长者随心所欲。一介布衣,言有物,行有格,贫贱不移,宠辱不惊。学问铸成大地的风景,他把心汇入传统,把心留在东方……季羡林先生为人所敬仰,不仅因为他的学识,还因为他的品格。”

央视著名主持人白岩松，曾写文章披露他和季羡林老先生的一次弥足珍贵的会面。那是 2006 年的最后一天，白岩松去 301 医院看望季羡林先生。到达时是上午，而很早就起床的季老，已经在桌前工作了很久。白岩松发现季老在做的事情是——修改早已出版的《佛教十五讲》。季老对他说：“对这个问题，我似乎又明白了一些。”

于是，那天一老一少的闲谈就从这个话题开始。而且，一发而不可收。白岩松问季老，“您信佛吗？”季老答道：“如果说信，可能还不到；但我承认对佛教有亲近感，可能我们很多中国人都如此。”

那天，季老还给白岩松讲了一桩趣事。有一天，一位领导人来看他，聊的也是有关内心的问题，来者问季老：主义和宗教，哪一个先在人群中消失？面对这位大领导，季老没有犹豫：假如人们一天解决不了对死亡的恐惧，怕还是主义先消失吧，也许早一天。

白岩松感慨道，季老这一看似平淡的回答，隐藏着一种智慧、勇气和相信。当然，“早一天”的说法也很留余地。

在季老过世之后，白岩松回想起当年会面的细节，依然能感觉到，那一天季老的快乐和平静。冬日的阳光照在季老的脸上，也温暖着屋内的其他人。其实，那就是一种人格的光芒和温暖。

一生笔耕不辍的季老，给世人留下了不少经典语录。现采撷几则，与各位分享。

“要说真话，不讲假话。假话全不讲，真话不全讲。”

“西方采取的是强硬的手段，要‘征服自然’，而东方则主张采用和平友好的手段，也就是天人合一。要先与自然做朋友，然后再伸手向自然索取人类生存所需要的一切。宋代大哲学家张载说：‘民，吾同胞，物，吾与也。’”

“自己生存，也让别的动物生存，这就是善。只考虑自己生存不考虑别人生存，这就是恶。”

“你们的生命只有和民族的命运融合在一起才有价值，离开民族大业的个人追求，总是渺小的。”

“最后两句话是——‘国之魂魄，民之肝胆，屹立东方，亿万斯年’。人民的灵魂，百姓的脊梁，中华民族大有前途。”

超级链接

内则父子，外则君臣，人之大伦也。父子主恩，君臣主敬。

（《孟子·公孙丑》）

使民有父之尊，有母之亲。如此而后可以为民父母矣。非至德其孰能如此乎？今父之亲子也，亲贤而下无能；母之亲子也，贤则亲之，无能则怜之。母，亲而不尊；父，尊而不亲。

（《礼记·表记》）

孝者，所以事君也。悌者，所以事长也。

（《大学》）

家政以孝悌为先，躬行孝悌以教子弟，儒之原也。

（清·裕谦）

读书的子弟，初离学校和家庭，踏进社会，为国家服务，还未懂得公务的办理。若能以事亲之道，服从长官，竭尽心力，把公事办得好，这便是忠。对于同事方面，地位较高年龄较大的长者，以恭敬服从的态度处之，这便是顺。……第一，要对长官服务尽到忠心。第二，要对同事中的年长位高者，和悦顺从，多多领教，那长官方面，自然相信他是一个很好的干部。同事方面，都会同情他，协助他。

（民国·严协和）

庶人章第六

子曰："因天之时，就地之利，谨身节用，以养父母，此庶人之孝也。"

子曰："故自天子至于庶人。孝亡终始，而患不及者，未之有也。"

——砚池堂《孝经》第六章

释要

这一章主要讲庶人如何行孝。庶人就是除了天子、诸侯、卿大夫、士人以外的一般平民，因此此章列为五孝之末章。但"民为邦本，本固邦宁"，庶人是国家金字塔的庞大底座。

虽然孔子从第二章到第六章，分别讲述了五种孝道，从天子到庶人分有五等尊卑，但这一章的结尾处，孔子提出了"孝平"的理念：行孝是相同的，孝道本无高下之分，也无终始之别。凡是为人之子女的，都应站在自己的位置上，尽其应尽的责任，大而为国为民，小而保全自身，这就都算是尽了孝道。

通解

孔子说："根据春生、夏长、秋收、冬藏的天时规律，依照土地状况适合种什么庄稼就种什么庄稼，持身恭谨，节俭用度，以此来奉养父母，这就是普通百姓当行的孝道。”

孔子说，“所以上自天子，下至平民百姓，不论尊卑高下，孝行可以在一生中去做，没有开始与结束。如果有人担心自己来不及或没能力尽孝，那是从来没有过的事。”

消逝的字符

本章分为两节。两个“子曰”各领一节。在古文《孝经》中，它们是独立相连的两章：《庶人章》和《孝平章》。

“因天之时，就地之利”

今文本作“用天之道，分地之利”。分，是区分、辨别。《白虎通义》里说：“神农因天之时，分地之利，制耒耜，教民农作。”意思就是，神农根据天道运行的规律，区分地利的不同，“用天之四时”，掌握春、夏、秋、冬等节气的变化，掌握农作物生长的规律；“分地五土”，就是分五土所宜之利，掌握五种不同土地的规律，决定如何种植。制造农具，教会百姓耕作。这就是“因天之时，就地之利”，也是“用天之道，分地之利”。

天、地、人是谓三才。天时地利人和的思想，其实在先秦就已从农耕延伸到征战。《孟子·公孙丑下》：“天时不如地利，地利不如人和。”《孙膑兵法·月战》：“天时、地利、人和，三者不得，虽胜有殃。”作战时的自然气候条件、地理环境和人心的向背，是影响战事成败的三大决定性因素。

“谨身节用，以养父母”

古代中国是农耕社会，一般平民百姓家里都有一些田地，春耕、夏长、秋收得到一些粮食，这就是用自己的劳力来赡养父母。“谨身节用”就是持身恭谨，节俭用度。“谨身”是对自己德行而言，言语行为都要谨慎，不可以造恶、犯罪，否则会遭到礼法的惩罚，就没办法侍奉父母了。自己也要节俭，生活节俭一些就能够长久一些，以此心此行来奉养双亲，让其能够乐享天年，这就是“庶人之孝”，也是社会稳定的基石。

"孝亡终始,而患不及者,未之有也。"

亡,通"无"。

孔子的这三句话很重要,讲的是"尊卑虽殊,孝道同致"(唐玄宗语)。上自国家元首,下至一般平民,孝道虽然有五种类别,但都本于每一个人的天性来孝顺父母,所以说这个孝道是没有终始的。如果有人说恐怕尽不了孝道的话,那是绝对没有的事。

在《论语·学而第一》中有"其为人也孝悌,而好犯上者,鲜矣;不好犯上,而好作乱者,未之有也。君子务本,本立而道生。孝悌也者,其为人之本欤"。这段话的意思是说:一个人对父母能尽孝,对兄弟姊妹讲友爱,而喜欢和上级对抗的,太少了,几乎不可能;不喜欢和上级对抗,而喜欢造反作乱的是没有的。君子追求的是做人之本,做人的根本问题解决了,人的学问修养之道也就建立了。孝和悌是做人的根本。并不限于冬温夏清,昏定晨省,兢兢于口腹之养以为孝。只要把这一颗爱敬的本心搁在孝亲上,自然事事替父母着想,时时念父母恩爱。如为非作歹,作奸犯科之类,也就不敢去做。一举一动,都恐怕连累了父母,让父母担忧。这样,不但他个人是一个孝子,家庭方面,也获得莫大的幸福。国家社会的秩序,也将受到最大的裨益。古人所云的孝治天下,其实就是倡导孝的行为,当人人都孝的时候,社会自然就稳定了,人民的幸福感自然会有大的提升。

砚池堂夜话

"爸爸,让我拉着你的手再聊一会天……"

这是一个令人心酸的故事,也是一个让人感动的故事。60 岁老人在深圳闹市街头突然猝死。他的儿子闻讯后丢下手边的工作从东莞赶了过来,这位孝子不相信父亲已死这个事实,紧紧地攥着父亲的手,像父亲活着时一样和他聊起了家常,似乎有说不完的心里话……

据《南方都市报》报道,2010 年 2 月 23 日,罗湖区独树村与丰湖干货特产城地下通道,一名六旬老人突然倒地猝亡。死亡男子头发花白,面色发黑,身体蜷缩在一起。不远处,一名老年妇女抱着一名 3 岁左右的女孩坐在地上痛哭。

"我儿子在东莞,已经打电话让他赶紧回来,老头子不行了……"老年妇女哭着说。她丈夫姓赖,今年60岁,江西赣州人,3年前她和丈夫一起到深圳帮儿子带孩子,儿媳妇在深圳龙岗,儿子在东莞做生意,工作忙碌,平时少有时间和父母在一起。因春节期间下雨,老两口一直都没有带孙女出门玩。当天一大早出太阳,她和老伴便带着孙女去洪湖公园玩。

"一起出门的,可没法一起回家了。"老年妇女说。在公园玩了大约两小时后,她要回家给孙女做午饭,于是自己带着孙女在前面走,老伴跟在后面慢慢回家,老伴有心血管病,走不快。可谁能想到,老伴走到地下通道时突然发病,急救人员到场也没有挽回老伴的生命。

事发约一小时后,老人的儿子赶到了现场。"我爸呢?"他像疯了一样哭着跑进地下通道,抱起已经死亡的父亲跑出通道,然后到一个篮球场边放下。他双手发抖,朋友给他点了根烟,然后,他狠狠抽了几口烟,又把父亲靠在篮球场边的铁丝网上。

"阿爸……"男子对着父亲说,"早晨还打电话啊……"他伸手紧紧攥着父亲的手,不停与父亲说话。他不相信父亲已经走了,伸手摸了摸父亲的胸部。此时,他已经没有眼泪,只是执著地与自己的父亲说话,时而还笑一下……而他的母亲,则抱着孙女在一边痛哭。"我爸怎么了?"男子望着旁边的民警说,民警轻声回答:"法医说心肌梗塞。"该男子又摸了摸父亲的胸口,念叨着说:"是,我爸原来有心血管病……"

阳光下,男子依旧和父亲拉着家常,而他父亲的头歪在一边。感人的场面,让陌生的路人擦了擦眼泪,甚至有人还疑惑"那小伙子的父亲是不是没有走……"

经媒体报道的孝子街头抱父亲尸体聊天的故事,以及路过的网友上传的现场街拍视频,在深圳以及珠三角地区不断地口耳相传,在网络上转发、转帖。众多网友在心酸落泪之余,也开始了自发的反省:父母健在的时候,要好好照顾他们,即使我们再年长,我们也是他们心里的小孩,走得再远,风筝的线始终牵在父母的手里,当我们远行时,记得告诉父母去向,不要让他们担心。赚钱要紧,但更重要的是亲情,要多回家看看,多陪陪父母。

2011年1月,《南方都市报》在做2010年年度回顾特辑时,将这位孝子赖先生提名为年度人物。推荐理由是:"父子情深画面深深感动着每一个人,这种亲情渗透到我们每一个人的骨髓里,生命很脆弱,行孝当及时。"

西晋文学家傅咸写过一首《孝经诗》，其中的名句“孝无终始，不离其身”，就是提炼自孔子所云“故自天子至于庶人。孝亡终始，而患不及者，未之有也”。傅咸认为孝是维系家国社会稳定的核心观念。其《孝经诗》全文如下：“立身行道，始于事亲。上下无怨，不恶于人。孝无终始，不离其身。三者备矣，以临其民。以孝事君，不离令名。进思尽忠，义则不争。匡救其恶，灾害不生。孝悌之至，通于神明。”

超级链接

叔向问晏子曰：“何若则可谓荣矣？”晏子对曰：“事亲孝，无悔往行，事君忠，无悔往辞；和于兄弟，信于朋友，不谄过，不责得；言不相坐，行不相反；在上治民，足以尊君，在下莅修，足以变人。身无所咎，行无所创，可谓荣矣。”

（《晏子春秋》）

世俗所谓不孝者五：隋其四支，不顾父母之养，一不孝也；博弈好欲酒，不顾父母之养，二不孝也；好货财，私妻子，不顾父母之养，三不孝也；从耳目之欲，以为父母戮，四不孝也；好勇斗狠，以危父母，五不孝也。

（《孟子·离娄下》）

孝为百行首，诗书不胜录。富贵与贫贱，俱可追芳躅。若不尽孝道，何以分人畜？

（清·王中书）

现代道德的理想，就是把家庭的孝悌扩展到全社会的友爱。

（陈独秀）

我国古来就是一个农业国家，农人的孝道，就是要会利用四时的气候来耕耘收获，以适应天道。分辨土地的性质，来种植庄稼，生产获益，以收地利之果。庶人的孝道，除了上述的利用天时和地利以外，第一，还要谨慎的保重自己的身体，和爱护自己的名誉，不要使父母遗留下来的身体有一点损伤，名誉有一点败坏。第二，要节省用度，不要把有用的金钱，作无谓的消耗。如果照这样保健身体、爱护名誉、节省有用的金钱，使财物充裕，食用不缺，以孝养父母，那父母一定是很喜悦的。这样，不但可以孝养父母，就是子女的教养费，社会的应酬，也足以应付了。这便是庶人的孝道。

（民国·严协和）

三才章第七

曾子曰:"甚哉,孝之大也。"

子曰:"夫孝,天之经也,地之谊也,民之行也。天地之经,而民是则之。则天之时,因地之利,以训天下。是以其教不肃而成,其政不严而治。先王见教之可以化民也。是故,先之以博爱,而民莫遗其亲;陈之以德谊,而民兴行。先之以敬让,而民不争;道之以礼乐,而民和睦。示之以好恶,而民知禁。《诗》云:'赫赫师尹,民具尔瞻。'"

——砚池堂本《孝经》第七章

释要

这一章以曾子赞美孝道开始,引出孔子说明孝道的本源,取法于天地,立为政教,以教化世人。所以,施行孝道乃天经地义人行之事。天地谓之二仪,兼人谓之三才。故以"三才"名章,位列五孝之次。

通解

听完孔子讲述的五等孝道,曾子感慨地说:"真了不起呀!孝道多么博大高深啊!"

孔子说："孝道，就像天上日月星辰的不变不易，地上万事万物的相安相宜，乃是人之所以为人最重要的品行。

"人为天地所生，当效法天经地宜笃行孝道。先王因循天时地利，以至德要道，训化天下，邦兴人和。所以其政其教，不威不严，水到渠成，无为而治。

"先王看到教可以辅政，化民成俗，所以他率先垂范，倡导博爱，使民众爱自己的父母，对双亲不离不弃；然后宣扬道德和仁义，民众自然力行道德，有仁有义。先王率先垂范，倡导敬让，民众对人对事，自会敬谨谦让，不妄生争端；然后用礼乐引导民众，民众自然和睦相处，没有怨恨。然后再晓示民众什么是善恶好坏，民众自然就会知禁不犯。

"《诗经》里说：'声誉显赫的尹太师，深受百姓的景仰。'"

消逝的字符

这一章经文可分为三部分。

(一)自"曾子曰"至"孝之大也"。曾子以为保全身体，赡养父母，就算尽了孝道。自听了孔子所讲的这五等孝道以后，不由得惊叹赞美，原来孝道是如此博大。

(二)从"子曰"到"而民知禁"。孔子首先指出日月星辰运行于天，春夏秋冬四时循环，是天地不变的法则，而孝道就是人与天地对应的法则。先王知晓孝道的妙用，"其教不肃而成，其政不严而治"，是以身作则，率先倡导，对民众进行五个方面的教化：博爱，德义，敬让，礼乐，好恶。这样的教化应乎民众的心理，可以取得良好的社会效果，实现朝政的和谐稳定。

(三)最后一部分仍是照例引诗作证。

"天地之经，而民是则之。则天之时，因地之利，以训天下。"

"则天之时"，今文、古文本均作"则天之明"。笔者据前一章"因天之时"校改之。"天时"、"地利"在此是对举，还暗扣了下文文义的"人和"。我国古代的蒙学教材《三字经》中有这么两句："三才者，天地人。"三才是天、地、人的合称。《老子》里的名句："道生一，一生二，二生三，三生万物"，这个"三"，指的也就是天、地、人。古人在做事的时候，很讲究顺天、应地、和民心。耕种、征战，都得讲究天时、地利、人和。三者占一就有可能成事，如果三才占全，那就没有理由不成功。三国时期，诸葛孔明借东风，就是占有天时，才能火烧连营，孙吴联军得以大败曹军。成语“一夫当关，万夫莫开”，说的就是占有地利，易守难攻。民间俗语“二人同心，其利断金”，讲的就是人和的重要。孟子说，天时不如地利，地利不如人和。说明在三才中，人还是最关键的因素。

“天地之经，而民是则之。则天之时，因地之利，以训天下”，说的就是：人生天地之间，当效法天经地义以为常道，而实践力行。但是爱亲之心，人人都有，其中的道理，知者甚少。唯有圣人，效法天之明，教民出作入息，夙兴夜寐；利用地之宜，教民耕种五谷，生产孝养。以上法则，都是顺乎天地自然之理，以治理天下。

“是以其教不肃而成，其政不严而治。”

肃，威也；严，威严。这句经文很骈文化。不用威肃就可以推行教化，不用威严就可以平治天下。其实说的就是老子的无为而治。其政其教，不威不严，水到渠成，无为而治。

古人讲“政教合一”。“政”是施政，搞政治；“教”是教育、教化，不是宗教。《礼记·学记》就说到“建国君民，教学为先”。要建国搞政治，就是让整个国家能够得到安定和谐，大众百姓能过上幸福的生活，这叫政治。如何实现？用教育，教学为先。所以古代帝王，最重要的治理天下的手段，就是靠伦理、道德、因果的教育。用伦理道德教育大众，大众就以不善为耻；用因果报应教育大众，大众就不敢造恶。教育得以实行，政治就容易成功。教育从哪里入手？从孝道，孝为德本，“教之所由生也”。因为孝是天性，是性德，随顺着性德可以帮助人回归本性。当人回归本性了，社会也就回归和谐了。

“是以其教不肃而成，其政不严而治”，说的就是以孝治天下，以德治国，这种教化，既合乎民众的心理，自然民众都乐意听从，国家不用严厉手段，就治理得有条不紊，风调雨顺，国泰民安，即用孝道的教育就能得到天下大治。

“赫赫师尹，民具尔瞻。”

孔子这次引用的是《诗经·小雅》里《节南山》篇的诗句。“节彼南山，维石岩岩。赫赫师尹，民具尔瞻。”节，山高峻的样子。赫赫，是威严显赫，气派宏大的样子。师，是指太师。太师、太保、太傅为周代三公，是周代最高行政长官，其中太师的地位最高。尹，尹氏。具，通“俱”。尔，你。瞻，仰望。这四句的意思是：威严显赫太师尹氏啊，你犹如终南山的那块高峻的大岩石，你在万民所望、众望所归的权位上，但举国上下有多少双雪亮的眼睛都盯着你啊。

孔子借用了这诗句，意在说明周朝的尹姓太师官，他仅是三公之一，尚且能为民众景慕和瞻仰如此，如果身为国家领导人，以身作则，那天下的民众能不爱戴和尊敬吗？

砚池堂夜话

何键：题写“忠孝匾”的民国“湖南王”

在变态的《二十四孝》中有这样两个故事：“扇枕温衾”和“恣蚊饱血”。一个讲的是东汉孝子黄香，九岁丧母，和父相依为命，酷夏时为父亲扇凉枕席，寒冬时用身体为父亲温暖被褥。另一个讲的是晋朝孝子吴猛，八岁时就懂得孝敬父母。家里贫穷，没有蚊帐，蚊虫叮咬使父母不能安睡。每到夏夜，吴猛总是赤身坐在父母床前，任蚊虫叮咬吸血而不驱赶，担心蚊虫离开自已去叮咬父母。当然，在《二十四孝》里，黄香和吴猛都是值得大书特书、广为表彰的好娃。但在笔者看来，黄香夏扇席、冬暖被的事还算近于人情，而吴猛裸身喂蚊子就有点匪夷所思了。极有可能是后人煽乎“戏过”了，油和醋添加过量，雷同鲁迅批评过的“诈跌”。

想起这两则故事，是因为在“天涯社区”论坛上，看到一位湖南的网友在晒民国“湖南王”何键题写的“忠孝匾”。据发帖人称，当年湖南平江的这对童姓兄弟，对其母亲特好，夏天先赶跑蚊帐里的蚊子、冬天先暖好被窝后再让母亲入睡。当时的国民党湖南省政府主席何键闻知后，感其孝行，为童家题写匾额：“纯孝性成。”这一珍贵牌匾保留至今。现当地的童氏后人繁衍茂盛，估计与其家族常年坚守孝道有关。

说到何键这位“湖南王”，其人其事很有意思。在 1929 年到 1937 年之间，他当了约 9 年的国民政府湖南省主席，直到对日战争爆发。何键在湖南当政期间，大力提倡儒家的传统道德。全省各地到处挂有“孝、悌、忠、信、礼、义、廉、耻”的牌匾，各学校也纷纷提倡读“线装书”。一时间，从乡村私塾到城镇学堂，到处都是一片“之乎者也”的读书声。

整顿社会风纪是何键施政的重点之一。他虽不像山东省主席韩复榘那样亲自审案，但是很多刑事案件的判决显然是由他做主。有一次，长沙一个房客给房东写了一封匿名信，向房东索要财物，信中指定市中荒僻之处交款，但并未谋及对房东本人或家属人身上作何侵害。开始,房东不知这封信是自己的房客所写,将信拿出来和他商量,应该如何解决好这件事。哪知房客不仅不感到惊诧,还建议说可与写信人讨价还价,于是引起了房东怀疑。他按照信中批示写了回信,放在指定的地点,暗中向警察局报了警。那房客到指定地点捡取回信时,当场被警察逮捕。此案应送法院依法判决,可案情呈报何键后,他指示警察局立即枪毙。理由是,犯人曾受教育,知书达理,又并未为饥寒所迫,做出如此伤情害理之事,罪不可恕。

另有一"霸蛮求婚"的案件,犯人为省政府机关传达室分发信件的人。当年红军进攻长沙时,政府机关的某小姐非常害怕,找到这位老兄,请他保护,并对他说,只要平安,事后将嫁给他为妻。事后,这位老兄要求履约,强行要这位小姐嫁给他。可这位小姐否认有此婚约,并向警察局报了警。无奈男方一再催逼,而且不顾官方警告。这件事经过报纸刊登后,在社会上引起强烈反响。何键在报上看到这则消息后,亦是下令将此人枪毙。

何键主政湖南期间,做过一些有利于三湘经济发展的事。当时,从广东到武汉的粤汉铁路的修建一度中断,何键动用中英庚子赔款,将铁路向韶关伸展,这条铁路于抗战前夕全部通车。从湖南到广西的湘桂铁路,也是在这个时期修建的。从湖南到贵州的湘黔铁路,当时也已开始规划。何键还在湖南全省各地修筑碎石公路,并架设电话线。1929 年至 1935 年,全省修筑的公路里程达 1670 多公里。虽然这主要是为了"围剿"红军的军事需要,但客观上也促进了全省的经济发展。当时,邹韬奋先生在上海主办的全国颇有影响的《生活》杂志,曾派记者杜重远前往各省采访,杜所写文章,对各省多有批评,独于写湖南一段赞不离口,标题为《锦绣河山》;并称主席何键"好整以暇"。

何键"治湘"期间,"剿匪反共"甚力。他 1929 年任湘赣两省清剿总司令时,负责对井冈山区的进攻,迫使红军主力离开井冈山根据地南下赣南,创建中央苏区。他在湖南杀赤化分子是极有名的,曾制造了震惊全国的"龙门惨案"。经何键铁腕镇压之后,原来是农民运动发源地后来又爆发过秋收起义的湖南,居然基本上没有了红军的立足之地。但 1930 年 7 月,彭德怀部红三军团趁"讨桂"之战的混乱,突袭平江、长沙,占领省会长沙达十天之久。何键事后报复时,拘捕了著名共产党人向警予和杨开慧,并下令处死。

何键也曾想重振湖南本省的军力,成立了省政府下属的航空署,聘请了飞行员,从国外购进了十架战斗机。但飞机到货时,就被蒋介石扣下了六架,说四架已足够省内防务之用。而到江西清剿红军的战争接近尾声时，老蒋更进一步逼迫何键交出全部湖南省的兵权。何键不敢违抗，把湘军四个师和四架飞机都交了出去，从此自己只当文职的湖南省主席。

到了1937年抗战爆发，蒋介石已经意识到当年蒋百里所预言的：湖南将成为支撑抗击外敌的关键地区，于是命令何键交出湖南省的政权，调他到南京任内政部长，派自己信得过的张治中（字文白）当了湖南省主席。然而就在张治中的任内，发生了震惊全国的长沙“文夕大火”。何键在离任省主席之前，断了最后一个案子：下令枪毙了一个妇女，理由是她竟然嫁给了日本商人为妾。那日本人已经撤侨离去，他的中国小妾不但有“通敌罪”，而且贬辱中华女性的民族气节，所以罪不可赦。与此同时，何键给陕北的毛泽东发出电报，当然不是提杨开慧之事，只是称国难当头，今后并肩与日寇作战，休戚与共义无反顾。

蒋介石将何键调往南京任职后，逐步把湘军抽调一空，几乎全部送上了抗日的前线，就连负责地方治安的保安团队也不例外。而且湘军出湘抗日，都是分别编入不同的部队，分割使用，不使其形成集团。国难当头，有“无湘不成军”之誉的湘军倒是都没有给家乡父老丢脸，无论在哪个战场上，作战都极为英勇顽强。特别是在淞沪之战中，湘军损失惨重，即使没有全军覆没的部队，也继而被编散了，取消了番号。老蒋这样做，自有他消灭异己统一政令的用心，但借外敌之刀杀自家兄弟，不能不令国人心寒。民国时期从辛亥革命后建立起来的湘军，历经内战的磨难，终于消亡于抗日的战场上。作为最后一个湘军统帅的何键，眼看着三湘子弟兵灰飞烟灭，心情一定是非常悲凉的吧。

何键在南京任内政部长后，随中央政府撤到“陪都”重庆，在1939年差点因一个误会被老蒋杀掉：那时他的结发妻子黄氏在香港病逝，何键获悉后想去香港为妻治丧，向行政院长孔祥熙告假一个月，孔祥熙准假。可就在他准备登上飞机离开重庆的时候，戴笠亲自赶到机场，命令停飞，并登机检查何键有无蒋介石亲笔批准的假条。何键拿出孔祥熙的假条，被戴笠拒绝，并将何键拉下飞机，当即软禁起来。

原来此时因汪精卫叛国后，重庆有一些官员偷偷赴港转投南京伪政府，老蒋令戴笠对要去香港的官员严加盘查，何键正撞在枪口上。后来经孔祥熙出面澄清，老蒋才放了何键，但还是撤了他的内政部长职务，改任抚恤委员会主任委员。之后何键知道自己再也不能乱说乱动，一直老老实实任这个闲差。何键 1949 年迁居香港，1950 年到台湾，又当上了“总统府国策顾问”，1956 年病逝于台湾。

超级链接

子大叔见赵简子，简子问揖让周旋之礼焉。对曰：“是仪也，非礼也。”简子曰：“敢问何谓礼？”对曰：“吉也闻诸先大夫子产曰：‘夫礼，天之经也，地之义也，民之行也。天地之经，而民实则之。则天之明，因地之性……’”简子曰：“甚哉，礼之大也。”

（《左传·昭公二十五年》）

其所令反其所好，而民不从。是故君子有诸己而后求诸人，无诸己而后非诸人。

（《大学》）

忠法人，敬法地，文法天。人道主忠，人以至道教人，忠之至也。人以忠教，故忠为人教也。地道谦卑，天之所生，地敬养之，以敬为地教也。

教者何谓也？教者，效也。上为之，下效之。民有质朴，不教不成。故《孝经》曰：“先王见教之可以化民。”《论语》曰：“不教民战，是谓弃之。”《尚书》曰：“以教祗德。”《诗》云：“尔之教矣，欲民斯效。”

（《白虎通·三教》）

孝治章第八

子曰："昔者明王之以孝治天下也，不敢遗小国之臣，而况于公侯伯子男乎？故得万国之欢心，以事其先王。治国者，不敢侮于鳏寡之民，而况于士人乎？故得百姓之欢心，以事其先君。治家者，不敢失于臣妾之心，而况于妻子乎？故得人之欢心，以事其亲。夫然，故生则亲安之，祭则鬼享之。是以天下和平，灾害不生，祸乱不作。《诗》云：'有觉德行，四国顺之。'"

——砚池堂本《孝经》第八章

释要

这一章主要讲天子、诸侯、卿大夫，如能以孝道齐家治国平天下，将会上行下效，政通人和，无灾无祸，天下太平。得万国之欢心，得百姓之欢心，这就是孝治的本意，也是不敢恶于人，不敢慢于人的实在表现。故名之为"孝治"章。

通解

孔子说："从前圣明的君王以孝道治天下时，不敢失礼于附庸小国派来的使臣，更何况是亲封的公、侯、伯、子、男五等诸侯了。因此赢得各方侯国的欢心服悦，并能使各方诸侯奉祀其先王。

“治理自己封国的诸侯，即便是对鳏夫寡妇也不敢侮慢，更何况对他属下的士人呢？因此，能赢得国中百姓的欢心，并能使百姓事奉其先君。

“及至卿大夫等治家者，即便对于仆人婢妾尚且不敢失礼，更何况对其妻子儿女呢？因此，能赢得全家上下的欢心，并能让他们安心事奉其先人。

“只要(天子、诸侯，卿大夫)这样做了，那么他们的父母双亲在世时就能安享子女的孝养，去世后也能享受到后代的祭飨。这样，天下就会祥和太平，自然灾害不生，人为祸乱不起。

“《诗经》中说：‘天子德行正又直，四方顺从庆升平。’”

消逝的字符

本章经文可分为五小节。自“子曰”至“以事其先王”为第一节，讲述明王应该怎样尽孝；自“治国者”至“以事其先君”为第二节，讲述诸侯应该怎样尽孝；自“治家者”至“以事其亲”为第三节，讲述卿大夫及士庶人都应该怎样尽孝；自“夫然”至“如此”为第四节，讲述明王之于孝治天下的最大效验；最后一节，照例引诗作证为结。

与今文《孝经》对照，本章文字的校订相对来说比较多：一、在“不敢侮于鳏寡”之后据语境补上了“之民”二字，校改“士民”为“士人”；二、在“不敢失于臣妾”之后，据古文《孝经》补上了“之心”二字；三、删去了“故明王之以孝治天下也如此”一句，在古文《孝经》里这一句中的“以”字写作“于”，笔者研判这一句为后人读书批注误植入了经文。

《孝经注疏》云：夫子述此明王以孝治天下也。前章明先王因天地、顺人情以为教。此章言明王由孝而治，故以名章，次“三才”之后也。

“昔者明王之以孝治天下也，不敢遗小国之臣，而况于公侯伯子男乎？故得万国之欢心，以事其先王。”

“昔者明王之以孝治天下也”。先来辨析两个关键语汇——“明王”与“先王”。《孝经》中提到“先王”有六处：一曰“先王有至德”，二曰“非先王之法服”，三曰“非先王之法言”，四曰“非先王之德行”，五曰“先王见教之”，此皆指先代行孝之王；六即此章之“以事其先王”，则指行孝王之祖考。提到“明王”有两处：此章之“昔者明王之以孝治天下也”，以及《感应章》之“昔者明王事父孝,故事天明"。笔者认为,《孝经》中的"先王"与"明王",其实都是指前代圣王之有德者。以时间言之,谓之先王;以圣明言之,则为明王。

对于"昔者明王之以孝治天下也"一句,唐玄宗注曰:先代圣明之王,以至德要道化人,是为孝理。

"不敢遗小国之臣。而况于公侯伯子男乎?"遗,遗忘、遗弃、失礼之意。顺便解释一下今日日本、中国台湾地区媒体上常见的一个词:"遗族"。一般有两种语境:一、死者的遗属。比如日本的"遗族会"、"和平遗族会",均为日本二战官兵战殁者的遗属组成的联谊性社团组织,但两者的政治立场有所不同。遗族会一直呼吁日本政府官员应参拜靖国神社,普遍被认为属于日本右翼;而和平遗族会则反对日本政治家参拜靖国神社,颜色偏左。二、泛指被遗弃的族群。比如近年来日本媒体讨论到人口老年化的问题,惊呼他们已成"遗族之国",为数众多的老年人得不到子女的赡养孝顺,晚景凄凉。

公侯伯子男。夏商周时期,诸侯分为五等,"公者正也,言正行其事;侯者候也,言斥候而服事;伯者长也,为一国之长也;子者字也,言字爱于小人也;男者任也,言任王之职事也"。虽然诸侯爵位分五等,但由于当时中国的界域不大,诸侯的禄田只分三等(《尚书·武成》:"列爵惟五分,土惟三。")。按《礼记·王制》的记载,天子的禄田是一千里见方,"公、侯方百里,伯七十里,子、男五十里"。对于禄田不足五十里见方的小诸侯,"不合于天子,附于诸侯,曰附庸"。也就是那些附庸小国,是隶属于较大的诸侯国,而不直接隶属中央王朝。本章经文中的"小国之臣",指的就是这些附庸小国派来的使臣。

唐太宗注"不敢遗小国之臣。而况于公侯伯子男乎"曰:"小国之臣,至卑者耳。主尚接之以礼,况于五等诸侯?是广敬也。"

"故得万国之欢心,以事其先王。"万国,万方各诸侯国。唐太宗注曰:"万国,举其多也。言行孝道,以理天下,皆得欢心,则各以其职来助祭也。"这一句说的是,明王以孝治天下,四海宾服,万国来朝,俨然太平盛世、天朝上国之气象。即本章下文中所说的"天下和平,灾害不生,祸乱不作"。

特别解释一下"国"。国字的繁体为"國"。在商周时,还没有"國"字,只有"或"。或字的甲骨文、金文字形,右边是"戈",左边的"口",表示管辖土地的范围,拿起武器,守土为国。封土建邦,各守其国(或),这就产生了边界,于是就有了"域"。邻国之间,难免会有边界纠纷,处理不好就会起疑心,于是就有了"惑"。所以,我们今天读古文,经常会发现或通"国",通"域",通"惑",其实就是国、域、惑,皆源自古字"或"。今日有学养不够的流行歌曲词作者,写出神马(什么)的“一玉口中国,一瓦顶成家”,这没文化的歌词落到文化程度也不高的某香港歌星手里,居然红遍内地,也是一奇观。

“治国者,不敢侮于鳏寡之民,而况于士民乎?故得百姓之欢心,以事其先君。”

鳏寡。老而无妻者谓之鳏,老而无夫者谓之寡。另古文里“鳏寡”常与“孤独”连用。孤独,少而无父者谓之孤,老而无子谓之独。鳏寡孤独四者,“天民之穷而无告者也”(《礼记·王制》)。

这一句说的是诸侯之孝治。古昔的诸侯,效法天子以孝道治理天下的方法,而以爱敬治其国。爱人的人,也受人爱慕。敬人的人,也受人敬重。连对待可怜无告的鳏夫寡妇,都不敢加以侮慢。何况是对知礼义的士人呢?因此能得到全国百姓的欢心,竭诚拥戴。照这样奉事其先君,就是尽到了孝道。

“治家者,不敢失于臣妾之心,而况于妻子乎?故得人之欢心,以事其亲。”

臣妾,男仆女佣,家之卑贱者。妻子,爱妻、子女,家之娇贵者。

这一句说的是卿大夫之孝治。古昔的卿大夫,效法天子、诸侯,以此孝道治家。推其爱敬之情,不敢失于其家臣贱妾者,更何况是对自已所娇贵疼爱的妻儿子女呢?因此,自然夫妻相爱,兄弟和睦,儿女欢乐,主仆愉快,一门之内,一片太和气象。照这样来奉事其先人,就是尽到了孝道。

“《诗》云:‘有觉德行,四国顺之。’”

孔子最后引《诗经·大雅·抑》里这两句诗,说明天子若具有以孝治天下的这种崇高的德行,四方各国的人,都会被感化得心悦诚服,没有不顺从他的。

《抑》是诗经里的一首比较长的警言诗,被后人称为“千古箴铭之祖”。传为周朝元老卫武公所作。卫武公经历了厉王、宣王、幽王、平王四朝,看到西周末年礼乐崩坏,忧愤不已,不禁写下了这首《抑》诗,讽刺周王,兼以自警。抑字,古同“噫”,也就是说这首诗,就是一位老臣面对醉生梦死之主、风雨欲来之局,发出的一声长长的叹息。

这首诗共有十二节。《孝经》本章所引用的两句出自其诗中的第二节:“无竞维人,四方其训之。有觉德行,四国顺之。讦谟定命,远犹辰告。敬慎威仪，维民之则。”翻译成白话文就是：有了贤人国强盛，四方诸侯来归诚。君子德行正又直，诸侯顺从庆升平。建国大计定方针，长远国策告群臣。举止行为要谨慎，人民以此为标准。

砚池堂夜话

“把你当花，养一辈子”

今天的夜话，我们的嘉宾是一个很优秀的中国媒体人。她曾经是《焦点访谈》最早的一拨记者。她的名字叫曹菘。

一个人遇上另一个人，是要讲缘分的。在生命的旅途中，有缘的人总能不期而遇，暂时的分开后又会在另一个路口相见。

和曹菘姐认识，就是这样。她离开了央视刚到凤凰，在深圳做《冷暖人生》时我们认识了。后来她离开凤凰回北京前，给了我一个她北京家里的电话。她说，保持联系，到北京找她。几年后，命运居然把我带到了北京。想起了曹菘姐的话，一拨电话，她就在电话的那头。

曹菘姐从央视的《焦点访谈》到凤凰的《冷暖人生》，再到现在的国际媒体组织中国区项目官员，她的媒体专业才干毋庸置疑，有点“女强人”的做派。但在她的博客里，我却看到了一个内心世界的温柔曹菘。一个性情才女。

有一天，我在她的博客上读到这样一则故事。她说在凤凰卫视《冷暖人生》时，曾拍过一个植物人的故事：

妻子秀容在上班时突然不省人事，没有任何预兆地成了植物人。四年多来，丈夫除了亲自照料妻子的生活，每天还会像什么都没发生时一样，陪妻子说话、聊天，妻子除了不停地从口角流出口水，完全没有任何反应。丈夫老陈年轻时是个马拉松选手，现在的身体依然很棒，真的不知道靠什么力量，支撑这个壮年汉子？问他，只是回答：“秀容活着，好歹是个陪伴，总比没了好。”……

她写道——

记得采访结束以后，心里一阵阵地发紧，毕竟是我一个人长期在南边生活，而且SARS刚刚过去，怕带传染病回去，有好几个月没敢回北京的家了。夜里翻来翻去睡不着，就给在北京的先生发了条信息：“如果有一天，老婆变成了植物人，你怎么办？”发完以后就在烦躁中迷糊过去。

第二天早上醒晚了，已经忘记前一天的事情，临出门时赫然看见，那个一向不善辞令的人，清晨上班前回过来的短信：“把你当花，养一辈子！”

已经过去三年了，那条信息，还保留着……

她说，这个充满浮躁和动荡的行业中，每个人是否都可以静一静、想一想，问问自己：等到把所有的风景参透之后，还有谁愿意陪你，一起去看细水长流？

每个人的一生都在寻找属于自己的那一朵花。

把你当花，养一辈子。

超级链接

首出庶物，万国咸宁。

（《易经·乾·象》）

我有个好家庭呀，还有一个好父亲。一天到晚笑盈盈，最明白女儿心。

我有个好家庭呀，还有一个好母亲。一天到晚抱娃娃，唱不完慈母心……

（费玉清《我有个好家庭》）

忠臣窗前无二月，孝子心头有故乡。

（齐梅录）

圣治章第九

曾子曰："敢问圣人之德，其无以加于孝乎？"

子曰："天地之性，人为贵。人之行，莫大于孝。孝莫大于严父，严父莫大于配天，则周公其人也。昔者周公郊祀后稷以配天，宗祀文王于明堂，以配上帝。是以四海之内，各以其职来助祭。夫圣人之德，又何以加于孝乎？故亲生之膝下，以养父母日严。圣人因严以教敬，因亲以教爱。圣人之教不肃而成，其政不严而治，其所因者本也。"

子曰："父子之道，天性也，君臣之谊也。父母生之，续莫大焉。君亲临之，厚莫重焉。"

子曰："不爱其亲，而爱他人者，谓之悖德；不敬其亲，而敬他人者，谓之悖礼。以训则昏，民亡则焉。不宅于善，而皆在于凶德。虽得志，君子弗从也。君子则不然，言思可道，行思可乐，德谊可尊，作事可法，容止可观，进退可度，以临其民。是以其民畏而爱之，则而象之。故能成其德教，而行其政令。"

《诗》云："淑人君子，其仪不忒。"

——砚池堂本《孝经》第九章

释要

这一章在古文《孝经》中分成了三章。我们还是遵从流传习惯依旧合为一章来讲。上一章孔子讲的是明王的孝治,这一章接着解说圣人的德治。也就是我们今天所讲的如何“以德治国”。故名之为“圣治”章。

通解

曾子说:“学生冒昧地请问,在圣人的德行当中,难道没有比孝道更‘兹事体大’的吗?”

孔子说:“在天地万物之中,以人最为尊贵。在人的诸多品行之中,没有比孝道更大的德行。在孝道之中,没有比敬重父亲更大的了。敬重父亲,没有比在举行祭祀时,能够以父亲配享天帝更大的了。自古以来,周公是第一个做到这一点的。往昔周公在郊外祭天时,其始祖后稷配享;在明堂祭祀天帝时,其父周文王配享。因此,四海之内的诸侯都各修职责,前来助祭。可见圣人的德行,又有什么能大过孝道呢?所以,子女对父母的亲爱之心,在年幼相依父母膝下时就产生了,父母的养育使其对双亲一天比一天尊敬爱戴。圣人用人们爱敬父母之心来教导他们广敬博爱。圣人的教化、行政不威不严,水到渠成,无为而治,是因为他们因循的是德行之本——孝。”

孔子说:“父子之爱,是天生的,不待勉强的,这个父子之爱里边还含着敬意,父如严君,故包藏着君臣之义。父母生下的儿子,上为祖宗流传后代,下生子孙继承宗嗣。家族的继续绵延,莫大于此。父亲对子,即是严君,又是慈亲,有两重恩爱,所以恩爱之厚,莫重于此。”

孔子说:“那种不敬爱自己的父母却去爱敬别人的行为,这叫违背仁德;不孝敬自己的父母而孝敬别人的行为,这叫违背礼义。如果悖德悖礼,以此训化百姓,百姓将会昏乱,无所取法。因为这些行为都不是宅心仁厚,与人为善,都是属于凶德。即使靠它可以得志,君子也不会这么干。君子的作为是这样:其言谈,必须考虑到要让人们所称道奉行;其作为,必须想到可以给人们带来欢乐;其立德行义,能使人民为之尊敬;其行为举止,可使人民予以效法;其形容举止,可为人民楷模。其动静进退,都合乎礼法。君子以这样的做派来领导子民,民众对其既敬畏又爱戴,并事事效仿他们。所以君子能够成就其德治教化,其政令也能贯彻推行。”

《诗经》篇中说："善人君子，他们的威仪举止不会行差踏错。"

消逝的字符

本章经文，我们可依照古文《孝经》分出独立三章的版本，分成三部分。（一）从"曾子曰"到"其所因者本也"，即古文《孝经》的"圣治"章，主要阐述了圣人德治的根本就在于孝。（二）自"子曰：父子之道"至"厚莫重焉"，即古文《孝经》的"父母生绩"章，说明父子关系的重大，父亲对子，拥有严君和慈亲的双重恩爱。（三）从"子曰：不爱其亲"到"其仪不忒"，即古文《孝经》的"孝优劣"章，说明悖德悖礼，君子不为。君子立身行道，坚守"孝"六条："言思可道"、"行思可乐"、"德谊可尊"、"作事可法"、"容止可观"、"进退可度"，这样才能成其德教，推行政令。

《孝经注疏》云：此言曾子闻明王孝治以致和平，因问圣人之德，更有大于孝否？夫子因问而说圣人之治，故以名章，次"孝治"之后。

"天地之性，人为贵。人之行，莫大于孝。孝莫大于严父，严父莫大于配天，则周公其人也。"

"孝莫大于严父，严父莫大于配天。"这两句话很有特点，读来颇有气势。只因用了"顶针"的修辞手法：用上句结尾的词语作下句的开头，前后顶接，蝉联而下，促使语气衔接紧凑，生动畅达。需要讲解的重点词汇是"配天"。在这段经文里，"配天"是指子孙祭天时以先祖配祭。"万物本乎天，人本乎祖，此所以配上帝也。"（《礼记·郊特牲》）天为万物的本源，祖先为子孙的本源，俱为其本，可以相配，所以古代的帝王皆以祖配天。祭天祀祖，出于报本返始之义。

"配天"这个词汇，在先秦著作中也比较常见，但语义不尽相同。主要还有两种含意：一、与天相匹配、媲美。如《礼记·中庸》："博厚配地，高明配天。"广博深厚可以与地相配，高远光明可以与天媲美。《老子·德经》："是谓配天之极。"这是可以与天相配的法则。二、谓受天命为天子。《庄子·天地》："啮缺可以配天乎？"啮缺这个人可以做天子吗？

孔子这一番教诲，说的是：在天地万物一切生灵之中，唯有人最为尊贵。而在人的所有品行之中，唯有孝最伟大。而所有的孝行之中，尊敬父亲最为重要。在所有尊敬父亲的行为中，没有比在举行祭祀时，能够以父亲配享天帝更大的了。自古以来,周公是第一个做到这一点的。孔子这样一路推理下来,点出了一个以孝治天下的圣人:周公。

“昔者周公郊祀后稷以配天,宗祀文王于明堂,以配上帝。是以四海之内,各以其职来助祭。夫圣人之德,又何以加于孝乎?”

后稷,周朝的始祖。传说为其母姜嫄踏巨人脚迹怀孕而生,以为不祥,弃之在隘巷,马牛避而不踩,又改弃沟渠冻冰之上,“飞鸟咸集,遮之以翼”,姜嫄觉得此子有神呵护,于是又将他抱了回来养育,取名为弃。他长大后善于种植各种粮食作物,教民耕种,尧使其居稷官(农业部长),封于邰,号曰后稷。“自后稷至王季十五世而生文王,受命作周”,周文王传子周武王,遂有天下。

周公,周文王的第四子,周武王的同母弟,孔子最崇敬的古代圣人。《论语》中记载孔子之语:“甚矣吾衰也!久矣吾不复梦见周公。”武王死后,其子成王年幼,由他摄政当国。武王死后又平定“三监”叛乱,大行封建,营建东都,制礼作乐,还政成王,在巩固和发展周王朝的统治上起了关键性的作用。

在这一段经文里,孔子给曾子上了一堂历史课。话说周朝当年,武王逝世,周公辅相成王,摄理国家政治,制礼作乐。他为了报本追远的孝道,创制在郊外祭天的祭礼,乃以始祖后稷配享。另制定宗庙,祭祀上帝于明堂,以其父周文王配享。周公这样追尊他的祖与父,乃是以德教倡率,而示范于四海。因此海内的诸侯,各带贡纳来助祭,光先耀祖,何大于此?孝德感人如此之深,这圣人的德行,又何能大过孝道呢?

“故亲生之膝下,以养父母日严。圣人因严以教敬,因亲以教爱。圣人之教不肃而成,其政不严而治,其所因者本也。”

“圣人因严以教敬,因亲以教爱”,这句话坊间一般将其直译为:“圣人就是依据这种子女对父母的尊,来教导他们对父母的敬;根据子女对父母的亲,来教导他们对父母的爱。”笔者认为,“因严以教敬,因亲以教爱”其实是对举互文,也就是说这句话其实讲的是圣人“因严亲以教敬爱”。严、亲,均指父母。所以,笔者将这句话通解成:圣人用人们爱敬父母之心来教导他们广敬博爱。

在这段经文里,孔子教导曾子说,圣人教人以孝,是顺人性之自然,非有所勉强。因为一个人的亲爱之心,是在父母膝下玩耍之时就生出来的;因为父母把他养育渐渐长大,他便对父母一日一日地尊敬起来。这是人生的本性，是良知良能的表现。圣人就因他对父母日加尊敬的心理，教以敬的道理；因他对父母亲爱的心理，就教以爱的道理。本来爱敬出于自然，圣人不过启发人之良心，因其人之本性教敬教爱，并非有所勉强。所以，圣人的教化，不待肃戒而自会成功。圣人的政令，不持严厉而自会治理。这全归功于他懂得人的天性中孝是一切的根本。

"不爱其亲，而爱他人者，谓之悖德；不敬其亲，而敬他人者，谓之悖礼。以训则昏，民亡则焉。不宅于善，而皆在于凶德。虽得志，君子弗从也。"

"以训则昏，民无则焉。不宅于善，而皆在于凶德。虽得志，君子弗从也。"这句话中的"以训则昏"在今文本中作"以顺则逆"；"不宅于善"中的"宅"在今文本中作"在"，"虽得志"在今文本中作"虽得之"。笔者认为，"以顺则逆"等三处均为后人传抄之误。

以"以训则昏"为例，后学者不解"顺"为"训"通假字，不明"以顺则昏"之意，遂改"昏"为"逆"，与"顺"相对，于是就整成了"以顺则逆"。再后来的学人死抠这错误的文本去强作解人，其后果可想而知。孟子当年曾讽刺过一类人自己还糊里糊涂，却想要使别人明白，"以其昏昏使人昭昭"（《孟子·尽心下》）。这套用在这些改"昏"为"逆"的学究，死抠字眼、强作"以顺则逆"解的学人身上，是太恰当不过了。笔者从《左传·文公十八年》中查得这么一段文字："以训则昏，民无则焉。不度于善，而皆在于凶德，是以去之。"可知《孝经》这一段经文是改写自《左传》的这段文字。这背后还有一段故事，我们将在本章的夜话中再展开来讲。

我们接着说"宅"。宅，居、存，安定之意。有个成语叫"宅心仁厚"，说的就是居心仁义厚道。所以说，"不宅于善"当然胜过"不在于善"，精炼而有神。

在这段经文里，孔子解释了什么是"悖德悖礼"。爱敬当由自己的父母起始。假如有人不爱自己的父母，而去爱别人，那就叫悖德。不敬自己的父母而去敬别人，那就叫悖礼。爱亲敬亲，是顺道而行的善行；不爱不敬，就是逆道而行的凶德。立教的人，应该以顺德教化，使民知所爱敬，如果倒行逆施，悖德悖礼，民将怎样取法呢？今不站在顺的善行上边去做，反而站在恶的凶德方面去行，即使靠它可以得志，君子也不会这么干。

"君子则不然，言思可道，行思可乐，德谊可尊，作事可法，容止可观，进退可度，以临其民。是以其民畏而爱之，则而象之。故能成其德教，而行其政

令。”

言思可道，行思可乐。唐玄宗曰：“思可道而后言，人必信也。思可乐而后行，人必悦也。”意思就是君子所说的每一句话，都要考虑能否得到别人的称道；君子所做的每一件事，都要考虑能否使人愉悦。也就是要慎言慎行，要看老百姓认不认可，高不高兴。

德谊可尊，作事可法。唐玄宗曰：“立德行义，不违道正，故可尊也；制作事业，动得物宜，故可法也。”意思就是君子做事所依据的德行和义理，要考虑到能不能为人尊敬；君子所建立的事业，要使人可以效法。

容止可观，进退可度。唐玄宗曰：“容止，威仪也，必合规矩，则可观也；进退，动静也，不越礼法，则可度也。”意思就是君子的容貌和举止，要使人能够仰望；君子的一进一退，都要合乎礼仪，可为法度。

在这段经文里，孔子谈到君子以德治国需要坚守的“孝六条”。君子的作为则不是这样，其言谈，必须考虑到要让人们所称道奉行；其作为，必须想到可以给人们带来欢乐；其立德行义，能使人民为之尊敬；其行为举止，可使人民予以效法；其形容举止，可为人民楷模。其动静进退，都合乎礼法。君子以这样的做派来领导子民，民众对其既敬畏又爱戴，并事事效仿他们。所以君子能够成就其德治教化，其政令也能贯彻推行。

“淑人君子，其仪不忒。”

孔子引的这两句诗出自《诗经·曹风·鸤鸠》。是用以说明一个肩负统治子民使命的善良君子，他的威仪举止，一定会相当注意，不会行差踏错。这样他才能够为人模范，成为榜样。

《鸤鸠》也是《诗经》里的名篇。全诗不长，分为四节。我们可以在这里学习欣赏一下。

鸤鸠在桑，其子七兮。淑人君子，其仪一兮。其仪一兮，心如结兮。

鸤鸠在桑，其子在梅。淑人君子，其带伊丝。其带伊丝，其弁伊骐。

鸤鸠在桑，其子在棘。淑人君子，其仪不忒。其仪不忒，正是四国。

鸤鸠在桑，其子在榛。淑人君子，正是国人。正是国人，胡不万年？

鸤鸠，即布谷鸟。古代传说布谷鸟饲养众多小鸟，朝从上而下，暮从下而上，平均如一。这首诗以鸤鸠平均如一地饲养小鸟起兴，希望在位的淑人君子可以平均如一地对待子民，尽管这些子民处在不同地位，就像鸤鸠的众多小鸟都分在不同树上（其子在梅，其子在棘，其子在榛）。诗人说，我们理想中的淑人君子，是"其仪一兮，心如结兮"，是"其仪不忒，正是四国"，就是一路走来始终如一，内心操守坚如磐石；是言行如一说到做到，四方侯国奉为榜样。这样的善人君子，是国人敬仰的模范，人们怎不祝他万寿无疆？

砚池堂夜话

"德孝治县"，河北魏县新政引热议

2010年底，一个原本安安静静的"千年古县"和它的县委书记突然在网上爆红。这个有"中国鸭梨之乡"之称的河北魏县，有一个给力的县委书记齐景海。他提出的"德孝治县"的理念让魏县全体干部"鸭梨"（压力）很大。所谓德孝治县，其中主要的一条就是，提拔干部必须有父母的德孝意见证明，无德不孝一律不予考虑。河北魏县的"德孝治县"新政经媒体公开报道后，在网上迅速引起了亿万网友的热情关注。有网友认为这是现代版的"举孝廉"，有孝才有廉。也有网友嘲讽说，今天的"德孝治县"，跟两千年前的"举孝廉，不读书"有啥区别？不过，持肯定、支持态度的网友还是占了大多数。有网友评论说，古人云：才者德之资也，德者才之帅也。德与才，如同干部素质的两根"支柱"，互为依托，缺一不可。看一个人的德行提拔干部，符合我国"德才兼备，以德为先"的选人用人标准。还有网友甚至激动地表示：向齐景海书记敬上我最崇高的敬意。不爱亲而爱他人者，谓之悖理；不敬亲而敬他人者，谓之悖德。

中新网邯郸12月28日的报道称，齐景海在2008年5月担任魏县县委书记后，积极探索建立干部德孝考核机制，把孝敬父母写入县委常委会自身建设的文件中，明确作为县委常委行为准则中的一条。据披露，在走马上任后的全县第一次领导干部大会上，齐书记说："一个连亲生父母都不孝顺的人，怎能对党忠诚、对人民负责？决不能让不孝敬父母的人得到提拔重用！"2009年，全县村"两委"换届时，齐景海明确要求，不孝敬父母的人不准进村"两委"班子。如今在魏县，提拔干部必须有父母（岳父母或公婆）的德孝意见证明，无德不孝一律不予考虑。据统计，目前该县已有3名科级干部、8名股

级干部，由于德孝行为有瑕疵未被重用。在齐景海的提议下，魏县还开展了“十大孝亲敬老之星”、“十大老有所为之星”和“十大孝贤媳妇”评选活动。每年，他都要敲锣打鼓，亲自把奖牌和洗衣机等奖品送到获奖者家中。他还以孝道为切入点，在全县开展全民教育，颁布了《魏县全民教育大纲》，开展全民教育进机关、进学校、进企业、进社区活动。

据齐景海的同事介绍，这位来自河北鸡泽农村的县委书记，自己就是一个有名的孝子。多年来，无论是在本县还是在外地工作，父母始终是齐景海最重的牵挂。工作之余，他总是推掉不必要的应酬，赶回家陪父母吃饭、拉家常。2005 年，有一段时间工作人员发现，时任县长的齐景海，每天不管工作到多晚都回老家，第二天一早又匆匆赶回单位，眼里布满了血丝，身体也一天天地消瘦。原来，他 70 多岁的老母亲不小心摔成腿骨骨折，正在住院治疗。当时县里正在筹备人代会，他没有请假，白天照常工作，晚上去照顾母亲。一位工作人员实在不忍心，提出帮忙找人照看，他却说：“父母生我养我不容易，照顾父母天经地义，谁也代替不了我！”齐景海的父母都是农民，弟兄五个中他排行老大。小时候齐景海是弟兄们的“保护神”，现在兄弟们有什么事，都愿意征求大哥的意见；家里有什么事，父母也愿意和“老大”商量。生活造就了齐景海勇于担当、敢于负责的个性，而这种个性也体现在齐景海工作的方方面面，同事们也对此钦佩不已。齐景海在接受中新社记者采访时表示，其实县委书记也是人，也要应对上级、照看下级，也有老婆孩子，也要交际交友。“我判断一个人是否可交，有一个重要标准，那就是这个人是否孝，百行孝为先。”而齐景海留给记者的印象则是衣着朴素，话语朴实，性情敦厚，宛若兄长，没有“官腔”，不说“官话”，没有“官味”。

据说，齐景海书记见到媒体时说的第一句话往往是：“你知道‘孔融让梨’的梨，是产自哪里的梨吗？经有关专家考证，是河北魏县鸭梨。”其实，今日的河北魏县不光是“中国鸭梨之乡”，还是联合国确认的“千年古县”。齐景海喜欢和身边的同事、来访的客人畅谈在此建都的魏文侯，常将魏文侯礼贤下士、师事儒门、率先变法的故事娓娓道来。他对于《论语》中的“子游问孝”也有独特的理解。“子曰：‘今之孝者，是谓能养。至于犬马，皆能有养；不敬，何以别乎？’”他认为，敬，可以延伸到社会的方方面面，是和谐的关键。至于公仆，首先要有一颗赤子之心，“不敬，何以别乎？”

最后我们来讲讲在本章“消逝的字符”中按下没表的一段典故。话说春秋时莒太子仆弑君,然后携带财宝来到鲁国,鲁宣公下令给他城邑,季文子却把太子仆逐出了鲁国。鲁公不明白季文子为什么抗命不执行,而且敢和国君对着干,要求给个说法。季文子通过太史克讲了下面这一大番话,说得鲁宣公只能点头称是。

先大夫臧文仲教行父事君之礼,行父奉以周旋,弗敢失队。曰:"见有礼于其君者,事之如孝子之养父母也。见无礼于其君者,诛之如鹰鹯之逐鸟雀也。"先君周公制《周礼》曰:"则以观德,德以处事,事以度功,功以食民。"作《誓命》曰:"毁则为贼,掩贼为藏,窃贿为盗,盗器为奸。主藏之名,赖奸之用,为大凶德,有常无赦,在《九刑》不忘。"

行父还观莒仆,莫可则也。孝敬忠信为吉德,盗贼藏奸为凶德。夫莒仆,则其孝敬,则弑君父矣;则其忠信,则窃宝玉矣。其人,则盗贼也;其器,则奸兆也。保而利之,则主藏也。以训则昏,民无则焉。不度于善,而皆在于凶德,是以去之。

文中的行父即季文子。这段记载见诸《左传·文公十八年》。翻译成白话文就是:

先大夫臧文仲教导行父事奉国君的礼仪,行父根据它而应酬对答,不敢失仪。先大夫说:"见到对他的国君有礼的,事奉他,如同孝子奉养父母一样;见到对他的国君无礼的,诛戮他,如同鹰鹯追逐鸟雀一样。"先君周公制作《周礼》说:"礼仪用来观察德行,德行用来处置事情,事情用来衡量功劳,功劳用来取食于民。"又制作《誓命》说:"毁弃礼仪就是贼,窝藏贼人就是赃,偷窃财物就是盗,偷盗宝器就是奸。有窝赃的名声,利用奸人的宝器,这是很大的凶德,国家对此有规定的刑罚,不能赦免,记载在《九刑》之中,不能忘记。"

行父仔细观察莒仆的所作所为,无一可取。孝敬、忠信是吉德,盗贼、赃奸是凶德。这个莒仆,以孝敬论,他是杀了国君父亲的;以忠信论,他是偷窃了宝玉的。他这个人,就是盗贼;他的器物,就是赃证。如果保护这个人而用他的器物,那就是窝赃。以此来教育百姓,百姓就昏乱无所取法了。莒仆的这些表现都不能算好事,而都属于凶德,所以才把他赶走。

太史克在这里向鲁宣公说明了:"孝敬忠信"是四种吉德(美德),而"盗贼藏奸"为凶德。"以训则昏,民无则焉。"如果以"盗贼藏奸"训化百姓,百姓将会昏乱,无所取法。这就是《孝经》所云之"不宅于善,而皆在于凶德"。

超级链接

唯天下至圣，为能聪明睿知，足以有临也；宽裕温柔，足以有容也；发强刚毅，足以有执也；齐庄中正，足以有敬也；文理密察，足以有别也。溥博渊泉，而时出之。溥博如天；渊泉如渊。见而民莫不敬；言而民莫不信；行而民莫不说。

是以声名洋溢乎中国，施及蛮貊。舟车所至，人力所通，天之所覆，地之所载，日月所照，霜露所坠：凡有血气者，莫不尊亲。故曰配天。

（《中庸》）

治身莫先于孝，治国莫先于公。孔子曰："孝，德之本也。"又曰："不爱其亲，而爱他人者，谓之悖德；不敬其亲，而敬他人者，谓之悖礼。"未有根绝而叶茂，源固而流长者也。

（北宋·司马光）

纪孝行章第十

子曰："孝子之事亲也，居则致其敬，养则致其乐，疾则致其忧，丧则致其哀，祭则致其严。五者备矣，然后能事其亲。事亲者，居上不骄，为下不乱，在丑不争。居上而骄则亡，为下而乱则刑，在丑而争则兵。此三者不除，虽日用三牲之养，犹为不孝也。"

——砚池堂本《孝经》第十章

释要

这一章主要是将孝子平日的孝行分别纪出。有五项当行的，有三项不当行的，以勉学者。本章特别强调的是，孝子的德行表现比吃饱吃好的"三牲之养"更为重要。故名之曰《纪孝行章》。

通解

孔子说："有孝心的子女事奉其双亲，在平日里，要尽量地尊敬他们；在奉养饮食时，要尽量和和美美，其乐融融；在父母生病时，要尽忧虑之情去细心照料；父母去世时，要以痛苦无比的心情去料理后事；在祭祀时，要庄严肃敬尽心致祭。这五方面做得完备周到了，方可称为对父母尽了孝心。

"孝敬父母的人，身居高位也不会骄傲蛮横，身处下位也不会为非作乱，在同辈中间不争强好胜。身居高位而骄傲自大者势必要招致灭亡，处下位而犯上作乱者免不了遭受刑罚，在同辈中争胜就会引起相互残杀。这骄、乱、争三恶不戒除，即便每日用牛羊猪三牲来奉养父母，也仍是不孝之人。”

消逝的字符

本章经文可分成两小节。第一节孔子讲居致敬、养致乐、病致忧、丧致哀、祭致严五项，这是从家族责任来要求的；第二节讲居上不骄、为下不乱、在丑不争，这是孔子从社会责任的角度来对孝子提出的要求。将孝道由“家”延伸到“国”，依然是孔子一以贯之的修身齐家治国平天下的思想。

“孝子之事亲也，居则致其敬，养则致其乐，疾则致其忧，丧则致其哀，祭则致其严。五者备矣，然后能事其亲。”

在这段经文里，孔子教导曾子说，大凡有孝心的子女们，要孝敬他的父母，第一，要在平居无事的时候，尽其敬谨之心，冬温夏清，昏定晨省，食衣起居，多方面注意。第二，对父母，在奉养的时候，当尽其和乐之心，在父母面前，一定要现出和悦的颜色，笑容承欢，而不敢使父母感到不安。第三，父母有病时，要尽其忧虑之情，急请名医诊治，亲奉汤药，早晚服侍，父母的疾病一日不愈，即一日不能安心。第四，万一父母不幸病故，要在临终一刹那谨慎小心，考虑周全父母身上所需要的，备办一切。不但穿的、盖的和棺材等物，尽力配备，还要悲痛哭泣，极尽哀戚之情。第五，对于父母去世以后的祭祀，要尽其思慕之心，庄严肃敬地祭奠，如其在上，如其在左右地恭敬。以上五项孝道，行的时候，必定出于至诚。不然，徒具形式，就失去孝道的意义了。

“事亲者，居上不骄，为下不乱，在丑不争。居上而骄则亡，为下而乱则刑，在丑而争则兵。此三者不除，虽日用三牲之养，犹为不孝也。”

居上不骄，为下不乱，在丑不争。这中间的关键字是“丑”。坊间一般有两种解释：其一，众也，引申为民众；其二，低贱，鄙俗之人。笔者认为都是腐儒之见，冬烘先生的死脑子。你只要把这个“丑”字放在上下文的语境中一看，就会发现这两种解释都很牵强。居上，为下，在丑，很显然丑不是上，亦非下，那是什么呢？据笔者考证，丑，在这里通“俦”，指的是同辈。《礼记·曲礼》中说：“在丑夷不争。”丑夷，就是年辈相同、学业相等的人。

三牲之养。这里的三牲，指牛羊猪。牛羊猪三牲具备，谓之太牢。在古代，太牢是最高规格的食品，多用于祭祀。三国时期枭雄曹操之子曹植，是我国历史上的大诗人。他的《灵芝篇》中有这么两句："刻木当严亲，朝夕致三牲。"说的就是以牛羊猪三牲，孝敬致祭先祖牌位。现在中国民间，特别是乡下人家，逢年过节，还保留着这样的习俗。给祖先牌位斟酒上香，配享三牲。

在这段经文里，孔子的意思是说，为子女的要孝敬父母，不但要有以上的五致，还要有以下的三不。一、官位较高的人，应当庄敬以待其部属，而不敢有一点骄傲自大之气。二、为人部属的小职员，应当恭敬以事其长官，而不敢有一点悖乱不法的行为。三、在鄙俗的群众当中，要和平相处，不敢和他们争斗。假若为长官的人，骄傲自大，则必招来危亡之祸。位居部属的人，悖乱不法，则必招来刑罚的处分。在同辈中争胜，难免引起相互残杀。以上三项逆理行为，每一桩都有危身取祸、殃及父母的可能。父母常以儿女的危身取祸为忧，为儿女的，若不戒除以上三项逆行，就是每天用牛、羊、猪三牲的肉来养活他的父母，也不能得到父母的欢心，也不得谓之孝子。可见孝养父母，不在口腹之养，而贵在保重自己的身体，方得为孝。

砚池堂夜话

一个小孩要走多远，才能真正长大

这一章经文文字比较多，讲解下来也比较累人。到了夜话我们就先讲个寓言，轻松一下。

从前，一个小男孩每天都喜欢到一棵苹果树旁玩耍。他爬树，吃苹果，在树阴下打盹……

小男孩长大了一点，不再到树旁玩耍。一天，他回到树旁，看起来很悲伤。树邀请小男孩玩耍，他说："我想要玩具，我需要钱来买。""我没有钱……但是你可以采摘我的所有苹果拿去卖钱。"男孩很兴奋，他摘掉所有的苹果，高兴地离开了。

自从那以后男孩就消失了，树很伤心。某天，男孩回来了，树非常开心，邀请他玩耍。他说："我没时间玩，我和妻子需要房子来遮风挡雨，你能帮我吗？""我没有房子……但是你可以砍下我的树枝来建房。"男孩砍下很多树枝，兴高采烈地离开了。

男孩又是很久没出现，树很孤独，伤心起来。突然，一个夏日，男孩回到树旁，树很高兴地邀请他玩耍，他说：“我很伤心，我开始老了，想去航海，你能不能给我一条船？”树沉默了一会儿，说：“用我的树干去造一条船吧。”于是，男孩砍倒树干去造船。

许多年后，男孩终于回来了。树悲伤地说：“孩子，我再也没有任何东西可以给你了……唯一剩下的东西是快要死去的树墩。”男孩颤抖着回答：“我只需要一个地方来休息，太累了。”树大喜，老树墩是倚着休息的最好地方，说：“过来，坐下休息吧。”

故事来自国外的一个经典儿童绘本《爱心树》。虽说是给小朋友看的，但其中的意味却是相当深长。我想，每一个读到它的成年人，也是能懂的。

一个小男孩要走过多少的旅途，才能真正学会长大；一棵苹果树要开多少次花结多少次果，才可以停下来凝视蓝天；一个成人要掉转头去多少次，才能假装悠悠岁月神马都不是浮云；一则寓言要重读多少遍，才能发现千言万语就是一行字：百善孝为先。

据说在安徽的宏村，一户老宅的大堂上有个斗大的“孝”字，传为南宋的朱熹所写。当地的导游介绍说，只要细心观察字最上面的右边，在横、竖、撇笔画连接的地方，很像一个人仰望的脸面；再观察左边，则是像猴脸。由上而下是脖子、半身形体、双手作揖敬奉的状态，下面就是子字。导游说，这是意喻那些不孝之子，如同那些尚未进化的猴子，只能归入畜生之类；只有尊老、孝敬父母，才配叫人，才有资格仰面望天。

传说朱熹八岁时就能读《孝经》，发誓做孝子，并在书后写了8个字：“若不如此，便不成人。”其实，从进化论来看，人类是从猿猴进化而来。可以说，每个人身上都一半是人性，一半是兽性。而人之所以为人，不在于其有兽性，而在于其有人性。真正的人，是能孝敬父母，仰不愧天的。

超级链接

孝，以亲为芬，而能能利亲，不必得。

（《墨子·经说上》）

现在“孝子”两个字究竟还有什么意义？现在的人死了父母都称“孝子”。孝子就是居父母丧的儿子(古书称为“主人”),无论怎样忤逆不孝的人,一穿上麻衣,带上商梁冠,拿着哭丧棒,人家就称他做“孝子”。

我的意思以为古人把一切做人的道理包在“孝”字里,故战阵无勇,莅官不敬,等等都是不孝。

(胡适《我的儿子》)

五刑章第十一

子曰："五刑之属三千，而罪莫大于不孝。要君者亡上，非圣人者亡法，非孝者亡亲。此大乱之道也。"

——砚池堂本《孝经》第十一章

释要

在前一章"纪孝行"里，孔子提到每个人面前都摆着两条道：敬、乐、忧、哀、严，是正面能量的孝行；骄、乱、争，则是负面能量的逆道。本章孔子接着上章所讲的道理再告诉曾子，违反孝行是最大的罪恶，必及刑辟。以规劝世人知所警惕，行孝道，走正道。不要无法无天，害人害己，严重的还会造成天下大乱。

通解

孔子说："属于五刑的犯罪条款多达三千，而其中最大的罪名便是不孝。要挟君主的人，是目无长上；诋毁圣人的人，是目无法纪；非议孝道的人，是目无双亲。这三种人的行径，都是导致天下大乱的根源。"

消逝的字符

本章经文讲了两层意思。第一层,最大的罪恶是不孝。不孝必受刑罚制裁,而刑罚繁复、森严可怕。第二层,最大的不孝有三种:第一要挟君上,第二诽谤圣人,第三不孝敬父母。孔子希望世人都向良知良能爱敬父母的正面孝行来,最好不要走到要挟君主、非圣人、不孝的坏路上去,如果走上那条坏路,不但为国家造出乱源,他个人也将要受到制裁或有生命之虞。

“五刑之属三千,而罪莫大于不孝。”

五刑,古代五种轻重不同的刑罚,即墨、劓、剕、宫、大辟。墨者,黥面,在脸上刺字。劓,割鼻。剕者,刖足。宫者,男子割势,妇人幽闭,次死之刑。大辟,斩首,死刑也。

三千,指五刑条文之众多。古人言三千之数往往是虚指,以状其繁多。如李白诗云:“白发三千丈,缘愁似个长。”

这一句话是孔子告诉曾子,国有常刑,来制裁子民的罪行,使民众能够向善去恶。五刑的条文,约有三千之多,对它详加研究可以发现,其中罪大恶极者,莫过于不孝。只要用刑罚来纠正不孝之人,民众自然就会知晓刑罚不是摆设,是不可越雷池一步的。

“要君者亡上,非圣人者亡法,非孝者亡亲。此大乱之道也。”

要,要挟,威胁。亡,通“无”,指从有到无。非,同“诽”,诽谤,诋毁。大乱之道,大乱的根源。道,根源。

这一句经文讲的是一个人如果不忠君,不法圣,不爱亲,皆为不孝,乃是罪恶之极,大乱之道。在我们今天,这句话也有其深刻的现实意义:一个企业员工或者政府公务员,如果找到老板/领导的弱点、把柄,威胁逼迫,以达到他所希望的目的,那就是“要君者无上”;如果对于垂范学习的企业功臣、道德楷模,讥笑鄙视,那就是“非圣人者无法”;如果不孝敬父母,非议孝道,那就是“非孝者无亲”。像这样的要挟领导,无法无天,目无双亲的行为,那就和禽兽一样。如果任由这样的衣冠禽兽,在企业里横行,企业焉能不乱?在社会上霸道,社会还能安宁吗?

砚池堂夜话

用唐诗围观“醉吏”

2007年10月，我作为香港《大公报》的驻京记者采访了当年在北京召开的中国共产党第十七次全国代表大会。“十七大”的一项重要议程就是党的领导人换届。香港总部要求我们对新当选的九常委逐一作整版的人物报道。我领到的任务是采写时任中共中央政法委员会副书记、公安部部长的周永康。在那篇见报的《“铁人”部长，从严治警》一文中，我特别提到了周永康整顿公安队伍作风的“四要”和“五条禁令”。“四要”指的是人要精神，物要整洁，说话要和气，办事要公道。而“五条禁令”则是严禁违反枪支管理使用规定、严禁携带枪支饮酒、严禁酒后驾驶机动车、严禁在工作时间饮酒、严禁参与赌博。民警违规者将被辞退或开除，对其所在单位直接领导、主要领导要追究领导责任。周永康在公安部的全国公安系统内部会议上誓称：“我们发布的禁令、做出的规定，都是对民警最基本的、最起码的要求，也是每一位民警必须要做到的。”“如果你做不到，那么你就脱下警服，离开警察队伍；当领导的做不到，就没有资格当领导……”这个动真格的“五条禁令”，在全国公安民警中引发了极大的震撼。我有一个大学同学就在公安部工作，我从未见过他敢在中午的餐会上喝酒。他总是说：“各位理解，我下午还要上班。”如果遇到不明事理硬劝的，他就会很严肃地说：“你是不是想让我脱警服啊？不要害我下岗。”据知情人说，周永康从政以来，痛恨公门内公仆喝酒误事。在公安部长任上，提出的“五条禁令”中有三条与饮酒直接相关，实在是因为警察如果喝酒成风的话，社会观感极差，警力也会大受影响，执勤巡逻势必不能正常，一旦出事，就是大事。高调铁腕的禁酒令，看似无情，实则是对警察的爱护，也是对公共安全的负责。有公安干警说：“‘五条禁令’是法宝，整饬警队形象好。每个民警都受益了，要始终不渝地坚持。”

近日在网上看到有网友发起一个“倡议全国公务员工作日中午不喝酒”的投票。投票结果显示，96%的人支持这一倡议，只有4%的人投票反对。这让我想起不久前我在新浪微博里和粉丝创作新唐诗围观娄底“醉吏”一事。特此整理记录出来，可为今朝的“世说新语”一则。

2011年1月20日，国家发改委《中国经贸导刊》采访部副主任王云岭在新浪微博里曝料称:湖南大雪,尤以娄底和邵阳雪情严重,湖南卫视新闻中心“新闻琳距离”出镜记者马婉琳刚给娄底市一大领导秘书打电话,询问最新雪灾情况和政府的应对措施,电话那头口齿不清地说:娄底没什么情况,我喝醉了,都在喝酒,有事明天说!

笔者转发了这条微博,并即兴改编了两首唐诗送这位娄底的无名醉吏:其一,“公堂对酌雪花开,一杯一杯复一杯。我醉欲眠君且去,有事明朝电话来。”其二,“绿蚁新醅酒,红泥小火炉。管他天下雪,能饮一杯无?”结果引来多位网友诗兴大发,接龙给力。

其中,网友“猫三哥哥”云:“人生得意须尽欢,莫使金樽空对月。雪压黎民何足惧,但愿长醉不愿醒。古来圣贤皆寂寞,唯有醉吏留其名。”

网友“檀林_hootch”云:“巧笑知堪雪几重,衔杯围坐小炉红。洞庭已冻休回顾,更请诸君饮一盅。”

实名网友、万兴软件的副总裁傅宇权云:“诸吏衔杯谈风月,乡民垂首历雪寒。”笔者回复曰:“让李白给你接上:总为浮云能蔽日,长安不见使人愁。”

超级链接

汝作士,明于五刑以弼五教。

(《尚书·大禹谟》)

要君者无上,君者,臣之禀命也,而敢要之,是无上也。非圣人者无法,圣人制作礼乐,而敢非之,是无法也。非孝者无亲,善事父母为孝,而敢非之,是无亲也。此大乱之道也。

(唐玄宗李隆基)

人之善莫大于孝。故圣人制刑,不孝,则不道先王之法言,而无法,于是乎敢非圣人。不孝,则不爱其亲而无亲,于是敢非孝,故曰此大乱之道也。明其当为莫大之罪也。

(北宋·范祖禹)

广要道章第十二

子曰："教民亲爱，莫善于孝。教民礼顺，莫善于悌。移风易俗，莫善于乐。安民治民，莫善于礼。礼者，敬而已矣。故敬其父，则子悦；敬其兄，则弟悦；敬其君，则臣悦；敬一人，而千万人悦。所敬者寡，而悦者众，此之谓要道也。"

——砚池堂本《孝经》第十二章

释要

孔子在《开宗明谊章》所提到的"要道"二字，在这一章里作了充分具体的说明，并谈到了实行要道的四种对策：孝、悌、乐、礼。其中最重要的是礼，而礼说到底就是一个敬字。老话说"敬人一尺得一丈"，只有敬重别人才能得到别人的敬重。

通解

孔子说："教育民众相亲相爱，没有比孝道更好的了。教育民众恭敬和顺，没有比敬爱兄长更好的了。转移风气、改变旧俗，没有比用音乐教化更好的了。使君主安心，人民驯服，没有比用礼教办事更好的了。

"我所说的礼，也就是敬。所以，你尊敬他人的父亲，其儿子就会喜悦；尊敬他人的兄长，其弟弟就会喜悦；尊敬他人的君主，其臣下就会喜悦。敬爱一个人，却能使千万人喜悦。所尊敬的对象虽然只是少数，为之喜悦的人却有千千万万。因此，孝才被称为至德要道。”

消逝的字符

本章经文可分为两小节。第一段，是指出实行“要道”的四种具体对策。第二节，说明“礼者，敬而已矣”，一个敬字，是“要道”守约施博的要诀。从事管理工作的企业家以及政府部门负责人，应熟读玩味之。

“移风易俗，莫善于乐。”

古人所说的“乐”，包括诗歌、歌曲和舞蹈在内。“十三经”之一《礼记》中，有一篇专门记“乐之义”的《乐记》。这篇文字里说，大凡音乐的产生，都是从人心中流淌出来的(凡音之起，由人心生也)。这些感物而生的音乐，再加上武舞和文舞，就叫做乐(比音而乐之，及干戚羽旄，谓之乐——干戚，盾与斧，跳武舞时所执之道具；羽旄，野鸡毛与旄牛尾，跳文舞时所执之道具)。

《乐记》中说：“乐者乐也。……诗，言其志也。歌，咏其声也。舞，动其容也。三者本于心，然后乐器从之……唯乐不可以为伪。”乐，是让人快乐的东西。它有三种表现形式：诗是抒发人的心志的；歌是咏唱人的心声的；舞是体现人的动作仪容的。这诗、歌、舞三者，都是发自内心，然后以乐器相配合。只有乐所表现出来的快乐，是不好伪装的。

《乐记》中说：“乐行而伦清，耳目聪明，血气和平，移风易俗，天下皆宁。”“生民之道，乐莫大焉。”这样的乐教推行，能使伦理清楚，使人耳聪目明，心气平和，能使社会风俗改变，使天下都安宁。所以说，治理民众的道，乐是最重要的。

为什么这么推崇乐的教化功效呢？《乐记》给出的阐释是：“乐在宗庙之中，君臣上下同听之，则莫不和敬；在族长乡里之中，长幼同听之，则莫不和顺；在闺门之内，父子兄弟同听之，则莫不和亲。”能使君臣和敬，长幼和顺，父子兄弟和睦相亲，真是移风易俗，莫善于乐，生民之道，乐莫大焉。今日的和谐社会建设，CCTV 的心连心艺术团下乡演出，“欢乐中国行”节目组这里走走、那里行行，纵横中国，地方卫视的带头大哥湖南卫视打出的宣传口号就是“快乐中国”，莫不是希望通过乐的教化，以顺天下，治国安民，和睦无怨，在社会中扮演一个和谐稳定的促进器。

“安民治民，莫善于礼。”

今文本中“安民治民”被改成了“安上治民”。这当然又是后世的老学究干的糊涂事。坊间的《孝经》注译本基本都是照错就错，不知校改，硬将其直译为：“使君上安其心，百姓得其治。”

其实，在中国的历史文化传统中，没有所谓的“安上”一说，只有源远流长的“安民”思想。从我们今天的口语以及文书中都随处可见“安民”的痕迹。比如安民告示、保境安民、济世安民、治国安民、兴业安民等等，不胜枚举。据笔者考证，在中国历史上最早提出“安民”思想的政治人物，是舜帝的大臣皋陶。舜是个上古明君，他经常与皋陶、大禹这些贤臣一起讨论国计民生等重大问题和决策。有一次，当他们讨论如何继承尧帝的德政大业、把社会治理得更加和谐美好时，皋陶提出了重要的“安民”思想：“在知人，在安民。”知人，就是我们今天讲的知人善任，当领导的要了解手下，要懂得用人和授权。安民，就是修德安民，“有功乎民，民乃有安”（司马迁《史记·殷本纪》）。当皋陶向舜提出来知人安民的建议时，在一旁的大禹也站出来表态说，皋陶的意见很好，知人善任，明智之举；“安民则惠，黎民怀之”。在皋陶、大禹看来，安民一事，关乎江山社稷。安民才能治民，才能保证国家的长治久安。

怎样才能安民呢？老子的《道经》第三章自古被称为“安民章”。老子开出的汉方是：在上位者应该“不上贤”，“不贵难得之货”，“不见可欲”，行不言之教，影响民众做到“不争”，“不为盗”，“不乱”，无为而治。讲的也就是上行下效，礼乐教化。“礼以检其迹，乐以正其心，则和睦矣。”（唐玄宗《御注孝经》）

礼乐治国，也就是以德治国。治国者在移风易俗、安民治民上，推行孝、悌、乐、礼，并率先垂范，勤加教化，就能民用和睦，上下无怨。远者来近者悦，和谐社会，和谐世界。

“礼者，敬而已矣。故敬其父，则子悦；敬其兄，则弟悦；敬其君，则臣悦；敬一人，而千万人悦。所敬者寡，而悦者众，此之谓要道也。”

这一段经文，孔子主要讲恭敬之心就是礼，礼说到底就是一个敬字。上面所讲的孝、悌、乐、礼四项，都是教化民众的最好方法。但孝是根本，礼是外表，礼的本质，却是一个敬字，因此，如果一个君子，能恭敬他人的父亲，那他的儿女，一定是很喜悦的。敬他人的兄长，那他的弟弟一定很喜悦，敬他人的长官，那他的部下和老百姓，也是很喜悦的。这一个敬字，只是敬一个人，而喜悦的人，何止千万人呢？所敬者，只是父、兄、长官，而喜悦的，就是子弟、部属、大多数的人。所守者约，而影响甚广，岂不是要道吗？

砚池堂夜话

启功细说乾隆假孝"宫心计"

很多人知道我喜欢书法，问我当今国内书坛最为推崇的大师是谁。我的回答从来都是不假思索，不做第二人想，就是启功。2005 年夏天，我从深圳休假回京，正赶上启功老先生仙逝。于是，借采访之名去了先生的灵堂拜祭后，又参观了先生的书房，印象深刻。斯是陋室，先生德馨。先生之风，山高水长。

启功先生生前曾讲述过他的家世：姓氏、世系以及家族史。其中讲《我所知道的乾隆与和亲王》一节中，有颇多有趣的细节。比如关于他为什么叫启功。是因为他是雍正皇帝的第九代孙。雍正的第四子名弘历，他继承了皇位，这就是乾隆皇帝。雍正的第五子名弘昼，只比弘历晚出生一个时辰，当然他们是异母兄弟。乾隆即位后，封弘昼为和亲王。他这支就是和亲王的后代。弘字辈往下排为永、绵、弈、载、溥、毓、恒、启。永、绵、奕、载四个字是根据乾隆恭维太后的诗句"永绵奕载奉慈帏"而来的。"奕"有高大美好的意思，全句意为以永久、绵长的美好岁月来敬孝慈祥的母亲，也可谓极尽讨好之能事了。溥、毓、恒、启四个字是后续上去的。

乾隆为什么要如此恭维太后呢？说来故事就长了。按清制：某后妃生了孩子，必须交给另外的后妃去抚养，即母亲不能直接抚养亲生的儿子，目的是避免母子关系过于亲密而联合起来有所企图，甚至谋求皇位。这是皇室和皇帝最忌讳的事，为此不惜割断母子之间的血缘亲情，用心可谓良苦。和亲王是雍正耿氏妃所生（后被封为裕妃，地位在诸妃之上，死后被尊为纯悫皇贵妃），而抚养他的恰恰是乾隆的生母（雍正时封为熹妃，乾隆即位后，禀雍正遗命，尊为孝圣宪皇太后）。而乾隆生下后又被别人所抚养。人的感情是复杂的。虽然天下的母亲没有不爱自己的亲生骨肉，但对自己将之从小拉扯大的孩子也会产生深厚的感情；而对虽为亲子，却从来没亲自抚养过的孩子，感情上就未免容易隔阂或疏远。乾隆的生母就是这样的人，她虽不是和亲王的生母，但把他从小抚养长大，对他感情非常深，喜爱的程度远远超出亲生儿子乾隆。乾隆长大后当然非常了解这种感情和这层关系，特别是当了皇帝之后，更不得不时时加以提防。因为自己当了皇帝，生母就是太后。太后在清朝有很大的权力，甚至有废立大权。乾隆总担心太后因喜爱和亲王就借故废掉自己而立和亲王，所以乾隆不得不采取极为谨慎、周密的策略和办法。他一方面对太后十分恭敬，晨昏定省，礼仪上格外尊崇，甚至大兴土木，修建大报恩寺(即后来的颐和园主建筑)为太后做寿。另一方面就是处处带着太后，表面上是向外界表示母慈子孝，自己时时侍奉在太后的左右，实际上是随时看着她，隔开她与和亲王的联系。与其交给别人看着，总不如自己看着更放心。

但是太后的心总向着和王，处处偏袒和王。这也是乾隆没奈何的地方。如当时的造币局在今天北京的北新桥路西，当时的铜钱一面铸有满文的"宝泉"二字，一面铸有汉文的"大清通宝"字样，所以又称"宝泉局"。钱铸好后，由北新桥往南，经铁狮子胡同(今张自忠路)东口运往户部。铁狮子东口路北的大宅子就是和王的王府(即后来的段祺瑞执政府)。那儿有两个门，人称东阿司门、西阿司门，昼启夜闭，起守卫作用。一次，造币局的车路过此地，和王居然令人把所有的车马通通由东阿司门赶进府内，关上大门，简直和路劫一般。乾隆听到后大怒，决心一定要严惩他一下。按律，截国库的钱要根据情节轻重发配到远近不同的地方。但考虑到太后的因素，又不敢真的把他发配得太远，和大臣商议后，决定采取变通的方法，罚他去守护陵寝。第二天早上，乾隆到太后那里请安，想把此事通报给太后。只见太后沉着脸，连头都不抬，只顾自己收拾东西。乾隆搭讪了半天，太后始终一句话都不说。乾隆只好耐着性子，问身边的宫女："太后这是怎么了？"宫女答道："您把和亲王发去守陵，太后不放心，说了：'我怕和王受不了，要收拾东西陪他一起去。'"乾隆听罢，只有暗自叫苦，收回成命。乾隆一是怕消息传出去，说太后让自己气跑了，二是仍怕借此机会使太后与和王更加联合在一起。

后来太后还是不高兴，也不和乾隆过话。乾隆只好再去找宫女打探虚实。宫女说："太后说了：'没见过金山、银山是什么样。'"乾隆巴不得能找个机会讨太后欢心，心想这回好办，让户部多凑些金元宝、银元宝往桌上一堆，不就得了吗？果然就这么办了。太后遛弯儿时看到这堆出来的金山、银山高兴得笑了，真有点像"烽火戏诸侯"的翻版。不料接着跟乾隆说："把这些都赏给和王吧。他太穷，他但凡有钱何必截宝泉局的钱呢？”乾隆心里叫苦不迭，连忙解释说：“这都是我从户部临时借来，请您看着玩儿的。”太后仍然不依，闹得乾隆一点办法都没有，最后只得全都赏给和亲王。太后就这样包庇、纵容他，他明明已是“富于他王”了，还要在乾隆面前为他哭穷。乾隆只能装作顺从，虚以周旋，但心里的怨恨不言而喻，关系也只能越来越僵。直到乾隆三十年和王死后，才算平静下来。

启功在口述这段历史时，感慨世上的史家往往没有看透这一点。比如有一位著名的学者叫王伯祥，著述甚丰，其著作虽有很多在抗日战争中毁于战火，但有一部《乾隆以来系年要录》尚存。书中用大量的篇幅大谈特谈乾隆如何每日亲侍太后左右，他们之间如何的母慈子孝，把这些当成煞有介事的美谈。启功说这位王老只看到了表面现象，而没有看到深层原因，即不了解乾隆为什么要如此孝顺太后。乾隆表面上做得很堂皇，像个大孝子，但实际上这一切都只是在做戏。背后不知有多少竭精处虑的“宫心计”。

超级链接

王曰：“德何如，则可以王矣？”曰：“保民而王，莫之能御也。”

（孟子《孟子·梁惠王章句上》）

弟子规，圣人训。首孝弟，次谨信；泛爱众，而亲仁；有余力，则学文。

（清·李毓秀《弟子规》）

自古以来，有安民，无扰民，有治民，无移民。

（民国·连横《台湾通史》）

“治国尤须安民。”从今天的社会架构中剖析，所谓“安民”的一个重要层面就是做好劳动和社会保障工作，解决黎庶的后顾之忧，保障生活、安定民心，方能保证国家的长治久安。

（佚名）

广至德章第十三

子曰："君子之教以孝也，非家至而日见之也。教以孝，所以敬天下之为人父者也。教以悌，所以敬天下之为人兄者也。教以臣，所以敬天下之为人君者也。《诗》云：'恺悌君子，民之父母。'非至德，其孰能训民如此其大者乎！"

——砚池堂本《孝经》第十三章

释要

本章内容主要是呼应第一章提到的"至德"，对"至德"加以展开说明。上章主讲致敬可以悦民，本章演说教民所以致敬。故列于《广要道章》之后，命名曰《广至德章》。

通解

孔子说："君子教人以行孝道，并不是挨家挨户去推行，也不是天天当面进行教导，而是自己首先做出表率，臣民自然上行下效。君子教人行孝道，就是让天下为父亲的人都能得到尊敬。教人为弟之道，就是让天下为兄长的人都能受到尊敬。教人为臣之道，是让天下为君主的能受到尊敬。

"《诗经》里说：'君子的德行高尚而盛大，民众就会把他当父母看待。'如果没有孝这种至高无上的德行,又有谁能把治理民众这件事做到如此伟大的境界?”

消逝的字符

本章经文可分为两部分。第一部分,道出广至德的本义。第二部分,照惯例引诗为证作结。孔子在本章里讲的就是希望执政的人,能实行至德的教化,这样才比较深入人心,推行政治也较容易。

“君子之教以孝也,非家至而日见之也。教以孝,所以敬天下之为人父者也。教以悌,所以敬天下之为人兄者也。教以臣,所以敬天下之为人君者也。”

非家至而日见之也。家至,家家亲自都到。日见,每天都见面。这一句用我们今天的话来讲,就是好的教化是“润物细无声”的,不需要来回强调落实到街头巷尾、进门入户,也不需要天天讲,日日讲。

孔子在这一段经文里告诉曾子,君子教人以行孝道,并不是挨家挨户去推行,也不是天天当面进行教导,而是自己首先做出表率,臣民自然上行下效。君子教人行孝道,就是让天下为父亲的都能得到尊敬。教人为弟之道,就是让天下为兄长的都能受到尊敬。教人为臣之道,是让天下为君主的能受到尊敬。

“恺悌君子,民之父母。”

这两句诗出自《诗经·大雅·泂酌》。孔子引述的这两句话,就是用以证明“广至德”并非一句空话。执政者如果实行至德的教化,其政其教推行起来非常容易,民众也会爱之如父母。

这首《泂酌》原诗分三章,是先秦一首歌颂统治者得民心的歌谣。用我们今天的话来说就是很主旋律。其实《诗经》三百篇中“风”、“雅”、“颂”,除了“风”的部分,“雅”、“颂”里的篇什基本都很主旋律。所以说,主旋律的东西也能出精品、出经典,主要看出品人、主创的功力。而《诗经》的出品人是谁?至圣先师孔子也。

闲话少说,我们在这里简单地做一下《泂酌》一诗的赏析。

洞酌彼行潦，挹彼注兹，可以餴饎。岂弟君子，民之父母。

洞酌彼行潦，挹彼注兹，可以濯罍。岂弟君子，民之攸归。

洞酌彼行潦，挹彼注兹，可以濯溉。岂弟君子，民之攸塈。

洞(jiǒng)，远。行(háng)潦(lǎo)，路边的积水。挹(yì)，舀。兹，盛水器皿。餴(fēn)，蒸。饎(chì)，炊黍稷，做饭。岂弟(kǎi tì)，即“恺悌”，德行高大。罍(léi)，古酒器，似壶而大。溉，通“概”，一种盛酒漆器。塈(xì)，归附。

这首诗的大意为：远舀路边积水潭，把这水缸都装满，可以蒸菜也蒸饭。君子品德真高尚，好比百姓父母般。远舀路边积水坑，舀来倒进我水缸，可把酒壶洗清爽。君子品德真高尚，百姓归附心向往。远舀路边积水洼，舀进水瓮抱回家，可把酒器洗干净。君子品德真高尚，百姓归附爱戴他。

这首诗三章均从远处流潦之水起兴。流潦之水本来浑浊，且又处于远方，本来很容易被人弃之不用，但如能“挹彼注兹”，舀过来倒进自己的水缸，就可以用来蒸煮食物，洗濯酒器，成为有用之物。这正如对待远土之民，只要君王施以仁义，便自然可以使他们感恩戴德，心悦诚服地前来归附。这里的关键是君王要有高尚敦厚的德行，真正成为“民之父母”。

砚池堂夜话

叶利钦女儿回忆父亲的艰难决策

2011 年 2 月 1 日，是俄罗斯前领导人叶利钦 80 岁诞辰。该国为了纪念这个首位由民主选举产生的总统，推出了一系列的图片展、音乐会和电视节目。其中最引人注目的是俄罗斯国家电视台制作的一期专题片：《叶利钦：人生与命运》。

该片再现了叶利钦在带领俄罗斯走向民主时所表现出来的勇气，并用细节描述了一个人性的叶利钦。比如，与叶利钦搭档多年、曾担任总理的切尔诺梅尔金在该片中回忆道：“我有时会问他：‘如果你是苏共总书记，你会让苏联解体吗？’他回答说：‘永远不会。’电视台播出了丑化政要的‘玩偶’节目，我为此感到很痛苦。他对我说：‘我要警告你，任何时候都不要突发奇想禁止这个节目，也不要想着报复，我们希望民主和自由。’”而叶利钦的顾问萨塔罗夫在采访中告诉俄罗斯民众，退休后的叶利钦并不是一个爱计较的老头，“2003年时，他告诉我：‘我现在才明白，什么是幸福，就是能够读读书、听听音乐、游游泳、打打猎，还能爱抚一下我的奈娜。’”

据2011年2月1日的《参考消息》引述法新社的报道称，叶利钦推动了1991年的苏联解体，在带领这个俄罗斯前苏联国家走向自由市场经济的过程中，他实施的改革也伤害了数以百万计的俄罗斯人。虽然俄罗斯人在叶利钦的功过问题上，仍存在严重分歧，但随着斯人的远去，似乎越来越多的俄罗斯人在谈到叶利钦时开始持肯定态度。

我想，这样的电视片以及媒体报道应该是叶利钦的小女儿塔季扬娜希望看到的吧。

塔季扬娜在叶利钦主政时期曾担任父亲的助理，掌握不少的高层政界内幕，被公认为叶利钦时期俄罗斯最富影响力的女人。普京上台不久，塔季扬娜被解除了担任多年的“总统顾问”一职，此后她在俄罗斯政坛上销声匿迹。但在叶利钦与普京权力交接10周年的2009年，鲜在公众场合露面的塔季扬娜，突然在网上开通了博客，发表大量回忆文章，内容多为当年叶利钦在位时她所了解的克里姆林宫秘闻。一时间，她的博客迅速成为俄罗斯人关注的焦点之一。

塔季扬娜对外宣称，她开博客的目的，就是因为“关于我的爸爸和上世纪90年代，社会上流传着太多不公平的说法和谎言，我想告诉人们这一切的真相”。塔季扬娜认为应该全面评估叶利钦的功绩，他是一个伟大国家的领导人，为这个国家付出了非常多。

在博客里，塔季扬娜为父亲的一些改革措施进行了辩护。在她看来，当时叶利钦除了将国有资产私有化之外没有其他现实的选择，他要么推进私有化进程，要么看着经济垮掉。“国家没有钱，油价也走低。我们从哪里能筹集到钱呢?”对于西方在叶利钦当政期间对他及俄罗斯缺乏了解，塔季扬娜感到很遗憾。“当时经济完全瘫痪。所有的国家机构都需要重新构建……在短期内人们曾很乐观。人们觉得我们应该很快就过上像西方国家那样富有、自由和民主的生活。但改革过程比料想的要痛苦得多。”

此外，叶利钦1993年极具争议性的炮轰议会的举措以及后来发动车臣战争的决定，都被塔季扬娜视为他任总统期间最艰难的时刻。

另外，对接班人普京的任命，也是叶利钦力排众议作出的决定。当时的普京还不被多数人熟知，许多俄罗斯人嘲讽叶利钦的任命。塔季扬娜说父亲对普京“坚强的性格、管理技能、报告的质量、面对复杂问题时保持冷静的头脑以及他的责任感”印象深刻。“爸爸想看到下任总统是新一代的人,年轻,有新的观念,这是第一。第二,这个人要强而有力,性格刚毅,自己能承担责任。”

不过塔季扬娜也对外披露,叶利钦曾对普京的一些政策感到失望,比如沿用苏联时期的国歌、取消地区选举和压制媒体。“我父亲坚定地认为,选举和媒体自由是民主体系的关键部分。”但叶利钦后来也表示理解,他说新总统有自己的理解,知道国家、人民需要什么。叶利钦认为总统有自己的立场是对的,也是不可避免的。

对于一些西方媒体将叶利钦描绘成“醉鬼”的形象,称其经常醉酒闹笑话,塔季扬娜认为这样的做法是有失公允和失实的。比如曾有报道说叶利钦有一次访问华盛顿时喝醉了酒,被人发现只穿着内裤出现在街上,像是要拦出租车去买比萨。塔季扬娜在博客里坚决否认了这一传闻,“从来没有那回事”。不过,她也承认父亲的确有喝酒方面的问题,但她认为“父亲喝酒是因为他经受了巨大压力。没有一个国家像叶利钦时代的俄罗斯一样,在这么短的时间里经历了如此动荡的变革”。

在女儿塔季扬娜眼中,父亲叶利钦,作为将俄罗斯带入新里程的首位总统,守望着这个国家经历巨大变革,迈向民主的未来,光凭这一点,就足以被载入俄罗斯史册了。

超级链接

余章引《诗》,《诗》居章末,此于《诗》下复有此经者,《诗》美民之父母,以证君之能教耳,不能证至德之大。故进《诗》于上,别起叹辞,所以异于余章也。

（刘炫《孝经述议》）

个人和家庭是组成社会的细胞,个人在家庭的表现,直接或间接地同社会乃至政治发生联系。我们的祖先历来把“孝”看做一切道德行为的起点,“百善孝为先”,并不算怎样夸大。在今天,我们还无法否认:“孝”应是做人的起码道德,如果连这点都做不到,对人对事又有什么道德心、责任心好谈?

（严北溟《今天还应不应该谈“孝”?》）

感应章第十四

子曰："昔者明王事父孝，故事天明；事母孝，故事地察；长幼顺，故上下治。宗庙致敬不忘亲也，修身慎行恐辱先也。天地明察，鬼神章矣。《诗》云：'自西自东，自南自北，亡思不服。'"

——砚池堂本《孝经》第十四章

释要

这一章和下一章主要分别说明了天子(明王)之孝和君子(圣人)之孝，对应前面的《孝治章》和《圣治章》。天子的孝行，可以感动鬼神，从而得到降福保佑。其实就是古代原始的天人感应思想。

通解

孔子说："从前，贤明的帝王奉事父亲很孝顺，所以在祭祀天帝时能明白上天覆庇万物之道；奉事母亲很孝顺，所以在社祭后土时能够了解大地孕育万物之理；理顺处理好长幼秩序，所以对上下各层也就能够治理好。

"设立宗庙祭祀，必诚心表示恭敬，这是不忘亲族庇佑，感戴天地厚爱；平日里注重修身养性，谨慎行事，这是恐怕万一有了差错，就会遗留亲族之羞，不敢玷辱先人声誉。能够父天母地，明察天地覆育万物的大道，也就能获得神鬼的降福与庇佑。

“《诗经·大雅·文王有声》篇中说：‘从西到东，从南到北，没有人不诚心服从文王的要道至德的。’”

消逝的字符

这一章在今文《孝经》里被错置到了第十六章，排在了《广扬名章》、《谏争章》之后。以致后人看不出来《广扬名章》和本章之间一脉相连的承继关系，以及对孝治、圣治两章的呼应阐释。

另一个重要的问题是，在古文《孝经》与今文《孝经》里的这一章经文里，文思重出，枝叶杂蔓情况严重。笔者认为，此应是后人批注大量地被误植入经文造成的。很明显的就是“鬼神章（著）矣”、“宗庙致敬”莫名其妙地重出，在古文《孝经》里，还有“必有先（长）也”的重出。

我们先把文字最多的古文《孝经》版抄录于此：“子曰：‘昔者明王，事父孝，故事天明，事母孝，故事地察；长幼顺，故上下治。天地明察，鬼神章矣。故虽天子，必有尊也，言有父也；必有先也，言有兄也。必有长也。宗庙致敬，不忘亲也。修身慎行，恐辱先也。宗庙致敬，鬼神著矣。孝悌之至，通于神明矣。光于四海，亡所不暨。《诗》云：‘自西自东，自南自北，无思不服。’”

与我们校订的砚池堂本文字相比较：一、删去了“故虽天子，必有尊也，言有父也；必有先也，言有兄也”一句，笔者研判该句或为后人注疏“昔者明王，事父孝，故事天明，事母孝，故事地察；长幼顺，故上下治”的文字，误植入经文了。二、“必有长也”＝“必有先也”，应为古人经文旁的注改文。三、删去了“宗庙致敬，鬼神著矣”一句。“宗庙致敬”为重出，“鬼神著矣”＝“鬼神章矣”，应为古人经文旁的注改文。四、删去了“孝悌之至，通于神明矣。光于四海，亡所不暨”一句，笔者研判或为后人注疏“天地明察，鬼神章矣”的文字。

“昔者明王事父孝，故事天明；事母孝，故事地察；长幼顺，故上下治。”

本章经文中最关键的字符是“明王”。我们之前讲过，《孝经》中提到明王只有两处：一处是此，另一处是“孝治章”之“昔者明王之以孝治天下也”。这可以证明本章在古本《孝经》中紧挨、引领“广扬名章”，是正确的排序，今文本中的排序是搞错了的。

事父孝，故事天明；事母孝，故事地察。《易·说卦》云：“乾为天为父，坤为地为母。”这一句话讲的就是上古的圣明之君，移事父母之孝以事天地，敬事宗庙，故事天地能明察也。能明察什么？父天母地。事父孝，所以在祭祀天帝时能明白上天覆庇万物之道；事母孝，所以在社祭后土时能够了解大地孕育万物之理。

长幼顺，故上下治。唐玄宗注曰：“君能尊诸父，先诸兄，则长幼之道顺，君人之化理。”古人父之昆弟曰伯父、叔父，己之昆曰兄。推孝为悌，宗族长幼，都顺于礼，故上下的大小官员和老百姓，都被感化而能自治。笔者在看到唐玄宗的这个御注时，突然明白“故虽天子，必有尊也，言有父也；必有先也，言有兄也”一句，应是后人的评注。

“宗庙致敬不忘亲也，修身慎行恐辱先也。天地明察，鬼神章矣。”

宗庙致敬不忘亲也，修身慎行恐辱先也。设立宗庙祭祀，必诚心表示恭敬，这是不忘亲族庇佑，感戴天地厚爱；平日里注重修身养心，谨慎行事，这是恐怕万一有了差错，就会遗留亲族之羞，不敢玷辱先人声誉。古之明王，不敢忘亲，克己复礼，勤政爱民，都是为保有祖宗留下来的这份家业，怕毁于一旦，没有脸面去见列祖列宗。

天地明察，鬼神章矣。章，通“彰”，彰明、表彰。人君如能效法天明，那天时自顺，效法地察，那地道自审，这样一来，神鬼自然就会彰显护佑。关于鬼神，在先秦古人的头脑里，主要指已死祖先的魂灵，也就是先祖、先人。如“非其鬼而祭之，谄也”，“祭神如神在”。这都是《论语》里的名句。孔子告诉弟子，做人要谦而不媚。不是你的祖宗你乱去拜祭，就是献媚，做人不可以这么无耻。祭祖是件很严肃的事，拜祭先人就要好像先人真的就在你身边。心诚则灵，祖宗真的会保佑你的。

“《诗》云：‘自西自东，自南自北，亡思不服。’”

孔子引《诗经·大雅·文王有声》中的这一段话说：天下虽大，四海虽广，但是人的心理，是一样的。所以周文王的教化，广被四海，只要受到文王教化的子民，地域不分东西南北，没有人对孝这样的至德要道不诚心服从的。

从“天地明察，鬼神章矣”，到“自西自东，自南自北，亡思不服”，我们可以研判，“孝悌之至，通于神明矣。光于四海，亡所不暨”一句，或为后人注疏文字，误植为经文。在今文《孝经》里，更有后来人将“亡所不暨”改成了通俗的“无所不通”。

砚池堂夜话

周敦颐"爱莲堂"风雨飘摇

2010年底，湖南衡阳市的"爱莲堂"，传出将因当地实施房产开发而被迫拆迁。"爱莲堂"是北宋理学的创始人、一代大儒周敦颐的祭祠，其绝世名篇《爱莲说》多年来一直被收录在中学语文课本里，一代又一代的中国人是念着"予独爱莲之出淤泥而不染，濯清涟而不妖，中通外直，不蔓不枝，香远益清，亭亭净植，可远观而不可亵玩焉……"而长大的。

据史料记载，宋时蒸水衡邵驿道的柘里渡口，山峦重叠，绿色成荫，有塘荷叶如亭如盖，夏日晨露凝珠，阳光下露水在荷叶上随风舞动，晶莹剔透，招悦行人。爱莲堂，就坐落在这好风好水之地，当年周敦颐逢夏必来此避暑读书躬耕消闲。今日这里属于衡阳市郊华新开发区柘里村。"爱莲堂"所在之处已被规划成宽阔的马路，道路两旁将有一幢幢商品住宅楼拔地而起。

2010年12月7日，笔者从深圳赶到衡阳寻访最后的爱莲堂。回后来我写了一篇《情系爱莲堂》的文章，发表在《游遍天下》杂志我的个人专栏"走读中国"里。在文章开头，我写道——

从衡阳东火车站出来，上了K1路公交车，坐到终点华新开发区汽车站。下车后，我在路边拦了一位摩托车帅哥，问道："师傅，你知不知道爱莲堂怎么走?"帅哥摇了摇头，说："你有没有具体的哪条街、门牌号啊?"我翻开手中的小记事本说："衡阳市郊华新开发区柘里村爱莲堂。"帅哥依然一脸的迷惑，用手一指，说："这里，还有这里，一大片以前都是柘里村啊，都拆完了。"我看着周边全是新起的马路和楼盘，突然明白该怎么说了："你带我去柘里村还没有被拆迁的地方，爱莲堂就在那里……"

几分钟后，我站在了一条乡间的小路上。隔着半塘的莲花的对面就是我此行要找的爱莲堂。我的身后不远处就是一个巨大的建筑工地。有两台挖掘机正在工作。这一天是2010年12月7日。中午的阳光很好。我怔怔站在那里，看着已经被土填埋了一半的莲塘，心神恍惚之中依稀看到的是，自己年少时摇头晃脑背诵《爱莲说》时的情形："水陆草木

之花，可爱者甚蕃……”

在这次探访之旅中，我遇到了多位周家后裔。其中有位年逾七旬的老人叫周忠雅。他跟我说衡阳的“爱莲堂”已经风雨飘摇七百年而不绝，没有毁于朝代更迭，没有毁于兵荒马乱，难道要毁于今日的太平盛世吗？他说，日本人当年打到衡阳，骑兵就驻扎在柘里村，都没有毁掉我们祖宗留下来的爱莲堂，难道今日某些干部比日本兵还不如？他这两问问得我满心苍凉。而另一位周家后人周忠杰则告诉笔者，如果不是我们这些周家族人强烈反对，每户抽一丁，保护祖祠，爱莲堂早就被拆除了。笔者在爱莲堂大门上看到了一则公告：“告周敦颐后裔一书”。里面写到，祖祠危急，希望居住在周边的后裔“在周子祠被毁之际能挺身而出”，以求“上对得起列祖列宗，下对得起子孙后代……”我看到这则公告，以为看到的是晚清历史小说。

大儒周敦颐，谥号“元公”。字茂叔，号濂溪，世称“濂溪先生”。生于湖南道县，卒于江西九江。因勤政负病而早逝，寿五十七岁。《宋元公案》曰：“孔孟而后，汉儒止有传经之学。性道微言之绝久矣。元公崛起，二程嗣之，又复横渠清大儒辈出，圣学大昌。”这里所称的“元公”，就是周敦颐，“二程”即程颢、程颐两兄弟。“横渠”是宋代人称“横渠先生”的张载，他的名言“为天地立心，为生民立命，为往圣继绝学，为后世开太平”，流传甚广。周敦颐的再传、三传弟子除了程颢、程颐两兄弟外，还有杨龟山、罗仲素、李延平、朱熹等后学。周敦颐死后，随着“二程一朱”(程颢、程颐与朱熹)的声名鹊起，周子的地位也日益崇高。南宋时许地方开始建立周敦颐的祠堂，人们甚至把他推崇到与孔孟相当的地位，认为他“其功盖在孔孟之间矣”。自宋起，历朝将其“从祀孔子庙庭”(即入祀孔庙，定为孔子的后代弟子)，尊为人伦师表。

走进爱莲堂，如同走进一段深沉静穆的历史。爱莲堂中为堂屋，两侧为厢房。中堂门上高悬的“爱莲堂”匾额，系周恩来总理手书。两侧的匾联联语“百代绝学之倡，千古忠义之首”，乃文天祥所撰评。“两汉而下，儒学几至大坏。千有余载，至宋中叶，周敦颐出于舂陵，乃得圣贤不传之学，作《太极图说》、《通书》，推明阴阳五行之理，命于天而性于人者，了若指掌。”(《宋史·道学传》)文天祥称许周敦颐为“百代绝学之倡”，诚非虚言。步入堂屋，祖堂神龛上周敦颐的大幅画像容貌安详。其下还供奉着周门三杰——周敦颐、鲁迅(周树人)、周恩来的照片。这显示爱莲堂不仅仅是周敦颐的故居，也是鲁迅、周恩来两位伟人的祖源地。祠堂不大，但陋室德馨，亲切古朴。周忠杰告诉

笔者,“吾族尊官清赢得梦魂安”为祖训,留德不留财,祖上虽是官宦之家,但为官清贫,未留豪宅珠玉,仅存这三间残房,但族人视之为珍宝,爱护有加。

其实,在中国人的心目中,故乡是一座庙,祖宗是庙里的神灵;故乡是一种宗教,让人魂牵梦绕,让人皈依;故乡是一种信仰,每片生命的叶子落下的时候,都要回望故乡的怀抱。而在中国民间也有“拆人祖祠,断子绝孙”的说法。据说当地政府有意按照“拆旧如旧”的原则,准许周家后人在附近择地重建。但周家后人并不认可这样的做法。拆除的是真古董,再盖一个假古董,有这么荒谬的提议吗?看来爱莲堂拆迁保卫的拉锯战还将继续。天地明察,神明可鉴。希望周敦颐的大名能最后庇佑住他的祭祠。

超级链接

孝为百行之首,犹须学以修饰之,况余事乎?

(北齐·颜之推《颜氏家训》)

人之孝行,根于诚笃,虽繁文末节不至,亦可动天地感鬼神。

(南宋·袁采《袁氏世范》)

祖父凡有遗训,皆是家中最切要、心头割不去事。遵守勿失,不止全孝,其家道必昌;忍于违背,不止丧心,其家道必坠。

(清·申居郧《西岩赘语》)

广扬名章第十五

子曰："君子事亲孝，故忠可移于君。事兄悌，故顺可移于长。居家理，故治可移于官。是以行成于内，而名立于后世矣。"

——砚池堂本《孝经》第十五章

释要

孔子在分别讲解完至德、要道后，在这一章接着讲移孝作忠，移悌为顺的扬名显亲之道。故名之曰《广扬名章》。

通解

孔子说："君子如果能够以孝侍奉父母双亲，把这份对父母的孝心移过来侍奉国君就是忠；君子如果能以悌事奉兄长，把这种悌移过来事奉官长就是顺；君子在家里能处理好家务，把这种治家之道移过来也可以为官治国。因此，君子的一切美德都是从家庭之内形成，这样由内到外，为君王尽忠，为国家出力，其忠孝的名声将长久地显扬于后世。

消逝的字符

本章经文文字不多,但细细剖开,可析出四层肌理:一、"事亲孝,故忠可移于君",说明移孝可以作忠;二、"事兄悌,故顺可移于长",说明移悌可以事长;三、"居家理,故治可移于官",说明能齐家,必能治国;四、"是以行成于内,而名立于后世矣",说明孝道是由内达外、由近及远、由现在到将来,德行成立于现在,声名流传于久远。

按北宋的邢昺解释,这一章所讲的意思,就是言君子之事亲能孝者,故资孝为忠,可移孝行以事君也。事兄能悌者,故资悌为顺,可移悌行以事长也。居家能理者,故资治为政,可移治绩以施于官也。"移孝以事于君,移悌以事于长,移理以施于官",这是君子的三德。此三德不失,则其令名常自传于后世。

砚池堂夜话

地产大亨潘石屹博客自曝家世

在世人的眼中,京城地产大亨潘石屹,一直是以西北山沟沟里的贫困娃,躬逢时代巨变成功改写命运的形象出现的。直到有一天,潘石屹在自己的博客里发了一篇博文《我和爷爷的故事》,这才正式对外公开了他是书香门第之后。其实潘家祖上是甘肃天水一带的诗书之家。潘石屹的太爷爷是秀才,爷爷是国民党将军,他父亲和他也均念过大学。潘石屹在博客里公开家世,也是和父亲有关。因为他在成名之后,很长一段时间,无论是接受媒体采访,还是自写文章,只要是提到出身,都是避实就虚地说:"我是从西北黄土高坡贫苦农村家庭走出来的。"他父亲为此曾很严肃地找他谈了两次话,郑重其事地说这是与事实不符的。但那时的他,遇到父亲和他谈有关家族的事,就找个话题岔开去。潘石屹在博文中没有解释为什么自己会这样,不愿去面对家世的问题。不知是不是身为"成功人士",自己的"成功故事"一经定型为大众接受,就要一直这样地讲下去,哪怕发现不是事实?

但潘的父亲显然颇为执著。在接受媒体采访时就毫不避讳地告诉记者,潘石屹爷爷上个世纪20年代曾就读于北平高等警官学校,又去了广州黄埔军校读六期步科。后来做了国民党的团长，参加过中条山抗战。潘父读过陕西师范大学，因父亲去世中断学业回甘肃天水工作。在“文革”前被打成“右派”，下放至老家潘集寨。由于潘家是队上唯一的地主成分，于是成为队上批斗的对象。贫穷、病患、苦难，这才层层地向潘家压了下来。尽管家道衰落，但在潘石屹考上大学时，潘的父亲很是欣慰：“我们家是读书人家，没有断代，传承下来了。”在接受媒体采访正本清源的同时，潘的父亲也始终在做潘石屹的工作，还让潘的本家叔叔写信给潘，终于促成了潘在博客里的自曝家世，讲述他和他爷爷的故事：

我没有见过爷爷，他上世纪五十年代就去世了，我六十年代才出生。但爷爷在家里的影响很大，奶奶、爸爸、叔叔和姑姑常提起他来。

我上小学之后，我就很少提起爷爷，也很少对外人讲爷爷的事。走出黄土高坡后，就更少提起他了。但我心里永远有一个解不开的结。

记得刚上小学时，班上同学打我，说我爷爷是国民党军官，解放后被共产党拉到渭河滩里枪毙了。我很委屈，跑回家问奶奶。奶奶告诉我，爷爷不是被枪毙的，是病死的。但我去学校争辩没有任何用，班上同学都认定我爷爷是被枪毙的，老师也不同情我。

记得小学三年级时，我在一位同学，也是我好朋友的面前炫耀说我爷爷是国民党的军官，他去过外面许多城市。这位同学把我的话告诉了老师。老师在班上开我的批斗会，一连开了好几天，还让同学们往我脸上吐口水，女同学吐的是口水，男同学把鼻涕擦到我的脸上。我的脸像痰盂一样有泪水、有鼻涕、有口水。开完批斗会，我就在小河边上把脸洗干净回家。这件事我从来没有告诉过家人。

四年级时，我们学校里抓出了三个反革命的小学生，整天在他们的脖子上挂着大牌子开批斗会。我大伯也从村上被带到小学里批斗，批斗我大伯的理由也是因为我爷爷。爷爷留下了许多照片和黄埔军校的通信录，被大伯偷偷藏在我们邻村“华南埠”的一户贫下中农家里，结果被他家的女婿揭发了，这个女婿把照片和通信录都交给了公社，而我大伯因藏“变天账”整天被批斗。当时大伯一直没有承认是他藏的，说是爷爷藏的。其实据我了解大伯确实有藏点文物家谱的习惯。

在老师和同学们批斗的发言中，我同时也知道了我爷爷和我们家族的一些事。

我爷爷的另一个儿子也是一名国民党军官，与日本人打仗时，在山西中条山阵亡，没有找到尸首。爷爷在纸上写下他的姓名和生辰，然后把这张纸埋在了老家的坟地。其实这座坟是空坟。

因为有这些经历，我很少提到爷爷。记得我的第一位女朋友曾问过我：你爷爷是干什么的？我说，我没有见过，据说在国民党的军队混过几年饭吃。

我爷爷的名字叫潘尔燊，字乐伯。燊字很难认，一般人读不出。但爷爷告诉爸爸说，他刚到黄埔军校时，蒋介石点名，把燊字读对了。

马上就到清明节了，我们怀念那些故去的亲人们。感谢亲人们在护佑着我们大家。

潘石屹在博文的最后还附上了本家叔叔的来信的一部分：

“潘石屹没有见过他的祖父，可能只有理性的了解，缺乏感性的体认。乐伯先生当年是东泉高小与胡文斗齐名的高材生，又有北京高等警官大学和黄埔军校第六期的双料学历。他为人忠厚，淡泊名利。1953年经邓宝珊提名与我父亲一同列入爱国民主人士的项列，纳入统战对象。然天不假年，他却过早地逝世了。应提醒潘石屹要讲自己是爱国民主人士的家世，是将门之后。强调自己出生地和家庭的贫穷是可以的，但不要忘了自己是从有文化素养的家庭中成长起来的。”

超级链接

孝以事君，弟以事长。示民不贰也。

（《礼记·坊记》）

盖孝者，礼之本也。事亲孝，然后可移于君；居家理，然后可移于国。

（明·邱濬）

孝者，隆于报本，得此而后家庭蒙养乃有所施，国民道德发端于此，且为爱国之义所由导源。人未有不重其亲而能爱其祖国者。

（近代·严复）

谏争章第十六

曾子曰："若夫慈爱恭敬，安亲扬名，参闻命矣。敢问，子从父之命，可谓孝乎？"

子曰："参，是何言与，是何言与！言之不通邪。昔者天子有争臣七人，虽无道，不失其天下；诸侯有争臣五人，虽亡道，不失其国；大夫有争臣三人，虽亡道，不失其家；士有争友，则身不离于令名；父有争子，则身不陷于不谊。故当不谊，则子不可以不争于父，臣不可以不争于君；故当不谊，则争之。从父之命，又安得为孝乎！"

——砚池堂本《孝经》第十六章

释要

谏诤，对君上、长者或友人进行规劝。这一章主要讲谏诤的重要性，遇到君亲有失误时，臣子应据理谏诤，以免陷君亲于不义。

通解

曾子说："有关对父母要慈爱，要恭敬，要使父母活得安心、脸上有光，先生的这些训诲，学生已经听懂了。现在，我想再冒昧地问一下，做儿子的一味遵从父亲的命令，可称得上是孝吗？"

孔子说："你这是什么话呢？你这是什么话呢？你这话根本狗屁不通嘛。

"从前，当天子的只要身边有七位直言相谏的大臣，即使他本人不守王道，也不会失去其天下；诸侯的身边有五位直言谏争的大臣，即便他自己不守君道，也不会失去他的封地属国；卿大夫的身边有三位直言劝谏的臣属，即使他不守正道，也不会失去他的邑地家园。一般的士人身边有直言劝争的友人，那么他本人就不会失去美好的名声；那么，对于做父亲的来说，身边有敢于直言力谏的儿子，他就不至于陷身不义之中。因此，当父亲、诸侯、天子可能陷身不义的时候，做儿子的不可以不对父亲直言谏争；做臣子的不可以不对诸侯、天子直言谏争。所以对于不义之事，一定要谏争劝阻。如果这时候还一味遵从父亲的命令，又怎么称得上是孝呢？"

消逝的字符

什么是谏诤？其实就是下级对上级、晚辈对长辈的直言规劝。本章中的"争"字，都通"诤"。争臣，即诤臣。

这一章古文本与今文本文字出入颇大。消逝变化的字符语汇主要有：一、"参闻命矣"在今文本中作"则闻命矣"。二、全章两处"从父之命"，改成了"从父之令"。三、"参，是何言与，是何言与！言之不通邪"一句，在今文本中无"参"，无"言之不通邪"。四、全章所有的"谊"字，在今文本中作"义"；全章所有的"无"字，在古文本中作"亡"。

这一章的文字形象生动，孔子被学生曾参的一声"敢问"（子从父之命，可谓孝乎？）弄得很是激动。我们在字里行间，仿佛可以感觉到孔老夫子有点急了，老夫跟你讲了半天孝道，你咋还提出这么一个傻问题来呢？所以，我们在这里看到孔子连说了两个"是何言与"，你这是什么话？你这是什么话？后面还有一句更精彩的"言之不通邪"（你这话根本狗屁不通嘛）。

孔子接着又开始苦口婆心起来：在过去天子的身边要设有七位谏臣，即三公四辅。三公就是太师、太傅、太保；四辅就是前疑、后丞、左辅、右弼。这七个人负责对天子的言行提出意见，这样即使天子的能力和操守一般，但有这三公四辅在，天子只要听得进去他们的建议，就不会犯大错，还能守住江山。同样诸侯身边一般要设立五位辅政的诤臣，即指司马、司空、司徒、内史、外史。这样即使诸侯的能力差一些，有这些良好的诤臣辅助，也还可以坐稳诸侯的位置，不至于丢失自己的侯国。那些世袭的卿、大夫们如果有三个直言不讳的家臣，既使自己无能，也不至于丢失自己的家邑，也能保证自己的位置。而一般的士人，因为身边有直言不讳的好友，就能避免错误于无形，能保住自己的好名声。

同样的道理，做儿子的看到自己的父亲做得不对时，能直言不讳相劝，尽量防止出现不必要的过失，这是真正的孝。如果一味顺从，发现问题不提，等于你眼看着自己的父亲犯错，这还能叫孝吗？

砚池堂夜话

魏征犯颜死谏唐太宗“十思”

在本书的附录“大爱美文”中，有一篇就是唐代名臣魏征的千古名文《谏太宗十思疏》。贞观十二年(638)，魏征看到唐太宗李世民逐渐怠惰，懒于政事，便犯颜死谏太宗十思：“诚能见可欲则思知足以自戒，将有作则思知止以安人，念高危则思谦冲而自牧，惧满盈则思江海而下百川，乐盘游则思三驱以为度；忧懈怠则思慎始而敬终，虑壅蔽则思虚心以纳下，惧谗邪则思正身以黜恶，恩所加则思无因喜以谬赏，罚所及则思无因怒而滥刑。”据史料记载，魏征在贞观年间先后陈谏200多次，强调“兼听则明，偏信则暗”，劝诫太宗励精图治，仁义为本。

李世民和魏征这一对中国历史上的明君诤臣典范，他们两人之间的君臣情谊，互动佳话，颇多可议可叹之处，是缘分亦是传奇。可以这么说，没有李世民，不会有魏征。没有刚正直谏的魏征，也就没有一代英主李世民。说起来，魏征还曾经是李世民的敌人。魏征早年投奔唐高祖李渊，为太子李建成器重。魏征当年看到太子与秦王李世民的冲突日益加深，多次劝建成要先发制人，及早动手。结果李世民发动了玄武门之变把太子给杀了，自己继位当了皇帝。照理说太子被杀，他身边的重要谋士魏征也应该连带被干掉。但李世民清楚魏征是个可用之才，于是决定亲自召见一下再定如何处置。在这次生死一线的接见中，李世民盛气凌人、怒不可遏，你个乡巴佬为什么要离间我们兄弟的关系？但魏征淡定地说了一句，如果太子早听我的话，那他就不会有今天的下场。顿时就让李世民折服，感觉魏征确是高人。非但没有怪罪于他，相反还将其重用，任为谏官，并经常引入内廷，询问政事得失。

不过李世民有时候也受不了这老爱进谏的魏征。据说有一次唐太宗上完朝怒气冲冲回到后宫，没头没脑地说了一句话，我一定要弄死这个乡巴佬。长孙皇后一看，坏事了，赶紧问谁是乡巴佬啊，唐太宗说还不就是那个魏征，那乡巴佬烦得要死天天给我提意见。这时贤惠的长孙皇后马上跪了下来，恭喜皇帝乃一代明君，所以才有这样一个大臣敢于直面进谏。说你有像魏征这样的诤臣应该高兴才是，怎么能杀掉呢？唐太宗这才得以缓颊，消了火气。

《孝经》"谏诤章"云：昔者天子有争臣七人，虽无道，不失其天下。在刚跨过了亡隋废墟的贞观年间，李世民身边有以直谏而闻名的魏征，还有号称"房谋杜断"的房玄龄、杜如晦，以及民间列为门神的秦叔宝、尉迟敬德等。有这样的一个贤君良臣的治国班底，这才有了千古称颂的"贞观之治"——我们在电视剧《贞观长歌》中看到的那个盛世气象。唐太宗曾经问："开创事业与保持基业哪一样更难？"房玄龄说："开始时各路好汉起事于草莽，群雄竞相角逐，攻破阵地迫使敌人投降，苦战获胜才平定天下，创业就是难啊！"魏征说："王业的兴起，必然是趁天下衰乱，推翻了昏庸的暴君，创业恐怕只是天意授予和别人给予的机会罢了。既已得到天下，就会安于骄奢逸乐。人民想清静，徭役去毒害他们；百姓正在疲惫，聚敛盘剥去困扰他们。国家由此就衰落，所以守业就是难啊！"太宗说："玄龄跟随我平定天下，冒百死，遇一生，就看见创业的艰难。魏征跟随我安定天下，生怕富贵后骄奢起来，骄奢就会懒惰，懒散怠惰就会亡国，看到了守业的不容易。但是创业的不易，已经成为过去了；而守业的艰难，正是要与诸公谨慎对待啊！"

在中国民间还有一个魏征斩龙的传说。长安附近的泾河老龙与一个算命先生打赌，犯了天条，玉帝派魏征在午时三刻监斩老龙。老龙于前一天恳求唐太宗为他说情，唐太宗满口答应。第二天，唐太宗宣魏征入朝，并把魏征留下来，同他下围棋。不料正值午时三刻，魏征打起了瞌睡，梦斩老龙。老龙怨恨唐太宗言而无信，阴魂不散，天天到宫里来闹，闹得唐太宗六神不安。魏征知道皇上受惊，就派了秦琼、尉迟恭这两员大将，守在宫门保驾，果然，老龙就不敢来前门闹了。可没过几天，那老龙王又在宫殿后门来找唐太宗算账，魏征于是抱剑为唐太宗守后门，这样老龙才再也不敢来闹了。唐太宗体念他们夜晚守门辛苦，就叫画家画了秦琼、尉迟恭两人之像贴在宫前门口，画了魏征画像贴于后门，结果照样管用。此举后来从宫中流传到了民间，形成了贴门神的习俗。双门左右贴秦琼和尉迟恭，单门贴魏征。

超级链接

事父母几谏，见志不从，又敬不违，劳而不怨。

（《论语·里仁》）

昔尧之佐九人，舜之佐七人，武王之佐五人；尧、舜、武王于九、七、五者，不能一事焉。然而垂拱受成功者，善乘人之资耳。

（《淮南子·道应训》）

朝无诤臣，则不知过。

（西汉·萧望之）

祭葬厚而奉养薄，末世之孝子也；承顺过而弼拂微，末世之忠臣也。事生孝之先，犯颜忠之大。

（明·田艺蘅《玉笑零音》）

事君章第十七

子曰："君子之事上也，进思尽忠，退思补过，将顺其美，匡救其恶，故上下能相亲也。《诗》云：'心乎爱矣，遐不谓矣。中心藏之，何日忘之。'"

——砚池堂本《孝经》第十七章

释要

这一章主要是阐述首章里的"中于事君"，即君子如何为君尽忠，为国出力。没有国哪有家，家是最小的国，国是最大的家。能为人民服务，为国家尽职，这才是大孝。本章可视为《孝经》全书的压卷章，核心大义尽显于此。最后一章《丧亲章》其实只是孝子料理丧事的礼仪规定。

通解

孔子说："君子奉事君长，在朝廷为官的时候，要想着如何竭尽其忠心；退官居家的时候，要想着如何补救君王的过失。对于君王的优点，要顺应发扬；对于君王的过失缺点，要匡正补救，如此君臣之间才能够相互亲敬。

"《诗经·小雅·隰桑》篇中说：'心中充溢着爱敬的情怀，无论多么遥远，这片真诚的爱心永久藏在心中，从不会有忘记的那一天。'"

消逝的字符

本章经文可分成两部分。第一部分说明事君尽忠的道理。第二部分照例引诗为证作结。孔子的教诲，从一个人爱敬之心尽于父母，渐渐地延伸到了天下兴亡匹夫有责。将孝道的大目标定在了如何对待国家利益上。将个人小孝演化成了人间大孝，即全心全意为国为民，在国家利益面前要有牺牲个人利益的胸襟。

"君子之事上也，进思尽忠，退思补过，将顺其美，匡救其恶，故上下能相亲也。"

进思尽忠，退思补过。进，指在朝廷做事；退，回到家里。唐玄宗注曰："进见于君，则思尽忠节。君有过失，则思补益。"这 8 个字说的是，君子在朝廷为官的时候，要思虑如何竭尽其忠心；退官居家的时候，要思虑如何补救君王的过失。

将顺其美，匡救其恶。唐玄宗注曰："将，行也。君有美善，则顺而行之。匡，正也。救，止也。君有过恶，则正而止之。"这 8 个字说的是，君子对于君王的优点，要顺应发扬；对于君王的过失缺点，要匡正补救。

这一段经文告诉我们，正人君子事奉领导，有其特质。晋见领导，知无不言，言无不尽，必思虑以尽其忠诚之心。既见而退，他就检讨他的工作是否未尽到责任，他的言行是否有了过失，必殚思竭虑来弥补他的过错。至于领导，有了美好的德行和善事，在事前就鼓励襄助，进行时，就悦意服从。如果领导有了未善之处，在事前预为匡正。既成事实，就设法补救。总之为部下的事奉领导，以能陈善闭邪，防患未然，乃为上策。若用犯颜谏诤，尽命守死为忠，不若防微杜渐于未然之为有益。为人部下的，如能照这样以事上，领导自然洞察忠诚，上下自能相亲相爱。

"心乎爱矣，遐不谓矣。中心藏之，何日忘之。"

孔子引《诗经·小雅·隰桑》的诗句，说明：只要为臣的一心爱君，虽地处边陲，也不谓远。这是由于他的爱出自心中。爱藏于中，故无日遗忘，虽远亦常在念。君臣同心同德，就能如同一体。

《隰桑》也是诗经中的爱情名篇。描述的是一个女子见到思慕的男子时的满腔痴情。暗恋也是一种幸福。全诗如下：

隰桑有阿，其叶有难，既见君子，其乐如何。

隰桑有阿，其叶有沃，既见君子，云何不乐。

隰桑有阿，其叶有幽，既见君子，德音孔胶。

心乎爱矣，遐不谓矣，中心藏之，何日忘之？

（洼地桑树多么美，枝叶柔嫩又茂盛。已经见到那君子，心里不知多快乐。

洼地桑树多么美，枝叶柔嫩又滑润。已经见到那君子，心里怎么不快乐。

洼地桑树多么美，枝叶色深绿油油。已经见到那君子，情深意笃愈加深。

如果心里很爱他，何不对他讲出来。将爱埋藏在心中，何日何时能忘怀？）

俗话说，女追男，隔层纸；男追女，隔座山。但现实却是女生往往怕伤了小手指而最后只能暗自神伤，而不怕山长水远的男生却往往抱得美人归。

砚池堂夜话

为你朝思暮想，还是退思起园？

《诗经》里的篇章绝大部分都是先秦时期的民间歌谣，也就是那个古老中国时期的流行金曲。说到其中的爱情名篇《隰桑》里的“心乎爱矣，遐不谓矣，中心藏之，何日忘之”，多像内地女歌手那英唱的一首歌中的几句经典歌词：“为你朝思暮想，为你日夜牵挂，三言两语又怎能够表达？”而整首《隰桑》的意境，又和苏联歌曲《红莓花儿开》颇为类似，都是描写怀春的少女情窦初开的心境：

田野小河边红莓花儿开/有一位少年真使我心爱/可是我不能对他表白/满怀的心腹话儿没法讲出来

他对这桩事情一点不知道/少女为他思恋天天在心焦/河边红莓花儿已经凋谢了/少女的思恋一点没减少

少女的思恋天天在增长/我是一个姑娘怎么对他讲/没有勇气诉说我尽在彷徨/我的心上人儿你自己去猜想……

讲完了朝思暮想,我们再讲一个退思起园的故事。苏州同里古镇上有一座美丽的私家园林,是江南古镇唯一的世界文化遗产,它的名字叫退思园。起建退思园的是清朝一个名叫任兰生的同里人。

任兰生当年做官做得不小,授资政大夫,赐内阁学士,任凤颍六泗兵备道,兼淮北牙厘局及凤阳钞关之职。通俗地讲就是任兰生当年曾干过安徽省六泗兵备道道台和凤阳关监督,有权有势地管过今日大半个安徽省。道台相当于现在的省军区司令,监督有点类似纪委,这在当时是一个被人送红包的差事。后来他遭人弹劾,落职,回到了同里。落职的原因,一种说法是收受贿赂,另一种说法则是剿匪不力。其实两个因素可能兼而有之。从他退职后能拿出十万两白花银起建园林,任内肯定没少聚敛钱财。

据当地文献记载,清光绪十年(1884),任兰生因镇压捻军不力,就有人在慈禧太后面前参了他一本。慈禧拍案大怒,立即下诏宣任兰生进京问罪。任兰生与当时掌握大权的左宗棠、彭玉麟是至交好友。左、彭得知此事后,立即修书一封,快马送到安徽任兰生处,先于慈禧的诏书到达。左、彭在信中除了告诉任兰生他已被人参劾之事外,还特地教他如何应对这件事。

几天后,任兰生奉诏进京。慈禧太后立即开堂审理。只见慈禧坐在正中,满脸怒色,左、彭两人左右侍立。任兰生被传进堂来,双膝下跪。慈禧开问:"下跪何人?"答:"凤颍六泗兵备道任兰生。"于是慈禧历数任兰生罪状。面对慈禧的步步紧迫,任兰生总是以"是"作答,不作任何辩解,慈禧有火发不出。最后,慈禧问任兰生:"今后你怎么办?"任兰生回答说:"进思尽忠,退思补过。"这就是《孝经》里的句子。慈禧听后不语,态度有所转变。此时,左、彭就乘机向慈禧奏道,就按任兰生所说的办吧,慈禧也就同意了。任兰生总算是躲过了一场杀身之祸。

后来,任兰生被罢职回乡。临行前,彭玉麟特意送他一副对联:"种竹养鱼安乐法;读书织布吉祥声。"意思是要任兰生在家乡安安稳稳地享受晚年。任兰生回归故里后,就请镇上著名画家袁龙设计、建造了一座私家园林。园林造好后就取名"退思园",还把彭玉麟赠送的对联挂在"菰雨生凉轩"。

建筑学者陈从周先生曾这样描述退思园："吴江同里镇，江南水乡之著者。镇环四流，户户相望，家家临河，因水成街，因水成市，因水成园。任氏退思园于江南园林中独辟蹊径，具贴水园之特例。山、亭、馆、廊、轩、榭等皆贴水面，园如出水上。"

退思园，体量不大，简朴清雅，春夏秋冬、琴棋书画各景齐全："坐春望月楼"前踏月，有春花妍妍欲语之意境；"菰雨生凉轩"内纳凉，但觉四面荷风习习；"桂花厅"中品茗，处处金桂飘香；"岁寒居"里围炉，松竹梅傲雪相伴。更有那"琴房"可供焚香操琴，"揽胜阁"上扶栏学画。处处皆是游览佳境。

"题取退思期补过，平泉草木漫同看"(任兰生之弟任艾生哭兄诗)。最是园内那一池绿水，清清凌凌微波荡漾，紧紧贴着池边的假山小亭石桥水榭，小园犹如被绿水轻轻托起，让人百看不厌，流连忘返。有园如此，夫复何求?

超级链接

居庙堂之高则忧其民，处江湖之远则忧其君，是进亦忧，退亦忧。

(北宋·范仲淹)

古人谓忠孝不两全，恩义有相夺，非至论也。忠孝、恩义，一理也。不忠则非孝，无恩则无义，而不相悖。

(北宋·程颐)

夫孝非奇德，乃日用之常行也。然自古迄今，人如恒河沙数，而以孝闻者，曾无几人。

(清·蒲松龄)

丧亲章第十八

子曰："孝子之丧亲也，哭不偯，礼无容，言不文，服美不安，闻乐不乐，食旨不甘，此哀戚之情也。三日而食，教民无以死伤生也。毁不灭性，此圣人之正也。丧不过三年，示民有终也。为之棺椁衣衾以举之，陈其簠簋而哀戚之；哭泣擗踊，哀以送之；卜其宅兆，而安措之；为之宗庙，以鬼享之；春秋祭祀，以时思之。生事爱敬，死事哀戚，生民之本尽矣，死生之谊备矣，孝子之事终矣。"

——砚池堂本《孝经》第十八章

释要

本章是孔子对曾子讲述慎终追远之事。树欲静而风不止，子欲养而亲不在，为孝子的那种心情，当是何等的哀痛。孔子特为世人指出慎终追远的大道，以传授曾子，教化世人，孝的行为应贯穿双亲的生前身后。故名之曰"丧亲章"。

通解

孔子说："孝子在失去父母的时候，哭得上气不接下气，而不会尾声从容有余；接待吊丧的客人时，不会过多顾虑自己的容貌举止是否如平时般端正如仪；言语也不像平日里那样有条有理，富有文采；就是穿上华美的衣服，心里也会感到不安；听到美妙的音乐也快乐不起来；吃到好吃的东西也觉不出来味美。这都是孝子在父母亡故时油然而生的哀伤忧戚之情。

“父母之丧，孝子因哀戚无心进食，但不管多么悲伤，三天之后就要吃东西。这是教导民众不要因丧亲之痛而连累活人的身体受损。不要因过度的哀毁而危及孝子的性命，这是圣人教导的为孝正道。居丧的时间不超过三年，是告诉民众守丧是有期限的。

“给父母办丧事时，要为其设椁置棺，寿衣被衾妥善弄好后托体入殓。摆设好簠簋等祭奠器具，供奉祭品以寄托哀思。出殡的时候，捶胸顿足，号啕大哭地哀痛出送。占卜风水选好阴宅以安葬。以礼制而建家庙或宗祠，三年后移灵于宗庙，以鬼神之礼而祭祀。春祭秋祀，以表示生者无时不思念亡亲。

“父母在世时要以爱和敬来奉事他们，在他们去世后，则怀着悲哀之情料理丧事，如此尽到了人生在世应尽的本分和义务。养生送死的孝仪都做到了，才算是完成了作为孝子侍奉亲人的义务。”

消逝的字符

本章经文古文本与今文本对照，除了几个通假字（如亡与无，谊与义）外，出入不大。值得留意的主要有两处：一、“哭不偯”在古文本中作“哭不依”。据笔者考证，此处应为“偯”字。二、此圣人之正也”，在今文本中“正”被改写为“政”。三、“孝子之事终矣”一句，在今文本中“事”后多一“亲”字，或为后人赘入。

本章经文可以分成四部分，第一部分说孝子丧亲后之哀戚状态。第二部分讲哀戚之情，要有节制。要懂得节哀顺变。第三部分指出慎终追远的处理办法。第四部分则是孝道之完成。按孝为德之本，教之所由生，故为生民之本。生事爱敬，死事哀戚，生前身后，无所不尽其极。孝子生尽爱敬，死尽哀戚，生死始终，无所不尽其极。居丧有期，但是孝子报亲恩之心，永无尽期。

“哭不偯，礼无容，言不文”

这寥寥数字，写出了孝子丧亲之痛。孝子在失去父母的时候，哭得是上气不接下气，而不会尾声从容有余；接待吊丧的客人时，不会过多顾虑自己的容貌举止是否如平时般端正如仪；言语也不像平日里那样有条有理，富有文采。从这里我们可以看出孔子还是很善解人意的，一点也不迂阔。他实际上是教人们在遇到丧亲之痛时，尽量能把悲伤宣泄出来，不必固守礼节。其实直到今天，在中国民间办丧事时，有的地方还有在门口贴“恕报不周”告示的习俗，意思就是主人因丧亲悲伤得不能自已，如果丧礼期间对各位有招待不周的地方，请多担待。

这里特别地讲解一下什么是“哭不偯”。偯(yǐ)，尾声从容有余，拖长声音哭。按《礼记·杂记下》记载，曾申曾向曾子请教：“丧亲哭父母有定规吗?”曾子回答说：“婴儿在半路上找不到他妈妈，其哭声有定规吗?”(曾申问于曾子曰：“哭父母有常声乎?”曰：“中路婴儿失其母焉，何常声之有?”)唐朝的杜佑在《通典·礼典》中引用了这段记载，并说这就是“哭不偯”。不过曾申口中所说的“常声”(规定的哭法)，在上古的丧服礼制中是有细节规定的。古人将丧服分为五等，由重到轻分别为：斩衰、齐衰、大功、小功、緦麻。居丧之时，穿不同丧服的人，其容貌、哭号、言语、居处也不尽相同。总的原则就是要轻重相宜。否则，轻一点说是矫情，重一点说就是失礼了。其中有关哭号的规定如下：“斩衰之哭，若往而不反。齐衰之哭，若往而反。大功之哭，三曲而偯。小功緦麻，哀容可也。”(服斩衰的人哭泣，那是一口气哭下去，直到上气不接下气；服齐衰的哭泣，虽是一口气哭下去，但上气还可以接着下气；服大功的人的哭泣，听起来时高时低，尾声从容；服小功或緦麻的人，只要哭得有哀伤的神情就可以了。)

“三日而食，教民无以死伤生也。毁不灭性，此圣人之正也。丧不过三年，示民有终也。”

“毁不灭性”，需要特别解释一下。坊间多把这个“性”直译为天性、常情。笔者认为，正解是“性命”。按《礼记·檀弓下》：“毁不危身，为无后也。”古人讲，不孝有三，无后为大。如果因为丧亲之痛，身心受损，危及性命，连命都快保不住了，还谈什么传宗接代。所以，什么是不孝？不爱惜自己的身体、生命就是不孝。

此圣人之正也。在今文本中“正”被“政”替换，虽然在先秦“正”通“政”，但“正”比“政”的含义要丰富得多，比如导正、校正、改正。笔者认为，在此处用“正”比“政”要更恰当。翻译成“这是圣人教导的为孝正道”，比“这是圣人关于孝道的政令、规定”要靠谱。

丧不过三年，示民有终也。为父母服丧不超过三年，这是为了使民众知道守丧是有期限的。也就是《礼记·三年问》中说的“送死有已，复生有节”，因为对死者的哀悼总得有个停止，活着的人总得走出伤痛，恢复正常生活。按《三年问》的记载：“三年之丧，二十五月而毕。”也就是说守丧三年，实际上是守到第三年的第一个月就可以结束了。虽然孝子的哀痛还没有结束，对父母的思念仍在，但如果让他们继续守下去，可能会永无尽期。必须要“服以是断之”，这才能让民众走出伤痛，获得新生。为什么以三年为期？《三年问》中用孔子的话给出了答案——孔子曰：“子生三年，然后免于父母之怀，夫三年之丧，天下达丧也。”（孔子说：“孩子生下来三年后才能离开父母的怀抱。所以，父母去世子女为其守丧三年，这是天下通行的丧礼。”）讲到这里，我突然想到今天国家教育部门规定小孩子要到三岁才能上幼儿园，也就是因为小孩只有到了这个年岁，才能“免于父母之怀”。父母才能脱得了手。

上一部分讲孝子遭逢丧亲之痛，内心哀戚溢于言表，会有种种异常之举，其中可能还有孝子因父母去世，过度伤心吃不下饭的。在此孔子接着讲无论多悲哀三天后都必须进食，这才是孝。不能因为哀伤而损害身体，危及性命。孔子在第一章里就说过，“身体发肤，受之父母，不敢毁伤，孝之始也”。孔子在最后一章里再次教导百姓要珍惜身体，珍爱生命，好好活着，这才是孝。不要因为哀悼死者而悲伤过度，损害健康，这一方面违背了死者心愿，另一方面也会影响到为国尽职为君尽忠的“大孝”。孔子劝孝子节哀顺变，是非常人性的。在笔者看来，后世那些腐儒提倡“愚孝”，其实是对孝道精神的歪曲，对祖师爷人性孔子的最大不孝。

“为之棺椁衣衾以举之，陈其簠簋而哀戚之；哭泣擗踊，哀以送之；卜其宅兆，而安措之；为之宗庙，以鬼享之；春秋祭祀，以时思之。”

棺椁衣衾分别是什么？古代的棺木有两重，里面的一层小的叫棺；外面套的一层大的叫椁（guǒ）；给死者穿的寿衣叫衣；给死者铺的褥子和盖的被子叫衾。举，即抬起而殓。簠（fǔ）、簋（guǐ），古代盛食物的两种器具，方形的为簠，圆形的为簋。

哭泣擗踊。今文本作“擗踊哭泣”。哭、泣、擗、踊，在古代是四个不同含义的字。哭，有声有泪名哭；泣，有泪无声名泣；擗，用手拍胸；踊，以脚顿地。

卜其宅兆。卜，是占卜，看风水、察吉凶；宅，指阴宅，也就是我们今天说的墓穴；兆，茔墓界域，也就是我们今天讲的墓地。

为之宗庙，以鬼享之。古时安葬之后，以礼制而建家庙或宗祠，三年丧礼完毕后，移灵于宗庙，以鬼神之礼而祭祀。从此以后才将死者当鬼神看待，在此之前都是把死者当生人看待，故有“音容宛在”一说。

春秋祭祀，以时思之。唐玄宗注曰：“寒暑变移，益用增感，以时祭祀，展其孝思也。”古人讲春华秋实，春代表新生，秋代表成熟，春秋两季的时空转换，最容易引发人的感怀与思念。比如李后主词云，春花秋月何时了，往事知多少。春祭秋祀，因时以思慕之，以示不忘亲恩。

在这一段经文里，孔子对曾子说明了处理亲人后事的礼仪：谨慎地把他的衣服穿好，被褥垫好，内棺安置好，外椁套妥，把他收殓起来。既殓以后，在灵堂前边，陈设方圆祭器，供献祭品。早晚哀戚以尽孝思。送殡出葬之时，先行祖饯，似乎不忍亲离去。女子拊心痛哭，男子顿足号泣，哀痛悲切地送殡。至于安葬的墓穴，必须选择妥善的地方，幽静的环境。卜宅兆而安葬之，以表儿女爱敬的诚意。既安葬以后，依其法律制度，建立家庙或宗祠。三年丧毕，移亲灵于宗庙，以鬼神之礼祀之。春祭秋祀，以表示生者无时不思念亡亲。

砚池堂夜话

蒋介石、蒋经国暂厝台湾三十年

我的好友、凤凰卫视台北同事丁雯静制作过一部电视纪录片《一九四九大迁徙》，曾获岛内的两岸关系暨大陆新闻专题报道奖首奖。该片在凤凰卫视首播时，台湾作家龙应台的那本《大江大海一九四九》尚未出版。李敖也还没有因龙“大江大海”的大红大紫、滥情矫情而情绪激动，指责龙应台“片面强奸”，是“蒋介石超渡派”。

那个时候，让岛内民众情绪激动的，是时不时传出的“两蒋移灵”议题。从陈水扁上台执政吵到了陈水扁下台。这期间我在《凤凰周刊》以及《大公报》负责两岸报道，和凤凰台北的同事联系热络，与“纪录片女王”丁雯静以及主持人陈淑琬，还有岛内的作家学者李敖、郭冠英、南方朔等也多有接触。从我个人的认知来看，要弄明白“两蒋移灵”议题为什么会这么牵动两岸民众的心，和1949年的大迁徙直接相关。

1949那一年，在大陆内战中失败的蒋介石，决定迁徙台湾，这一决定改变了数百万“党国”军民的命运，也让他、他的儿子以及那些追随他的国民党大佬，最终一个接一个地客死于大陆东南的这个岛上。国民党内的书法大家于右任先生，在去世前写有一首怀乡词，中有句云："葬我于高山之上兮，望我大陆，大陆不可见兮，只有痛哭。"读来令人为之垂泪神伤。

而蒋介石和蒋经国，在 1975 年和 1988 年相继去世后，都没有下葬，其灵柩分别暂厝在台湾桃园县大溪镇的慈湖陵寝和大溪陵寝，以待时机，归葬故乡。据蒋家后人蒋方智怡对外明确表示将会遵照蒋经国遗愿，将两蒋遗体移到浙江奉化安葬。

2006 年，蒋方智怡曾受邀专程到奉化，参加大陆民间组织的一个活动。活动期间祭拜了蒋家祖坟，当地官方对蒋家后人也很热情。有分析人士指出，从多年来蒋家后人一直没有放弃将两蒋移灵大陆的情况来看，极有可能事前已与大陆有过相关沟通，且不止一次，并得到大陆高层个人形式的口头表态。

在陈水扁执政期间，曾传出台军方有意将两蒋"国葬"于台湾国军五指山公墓，不再暂厝，入土为安。当年凤凰记者就台当局的此动议采访国台办，获得的答复是："无论(两蒋)葬在台北或者大陆，都是在中国的土地上。这是蒋家后代的家务事，我们不便具体置评。"

陈水扁 8 年执政，对两蒋极尽清算之能事。改中正广场为自由广场，形同"鞭尸"。为了 2008 年岛内的"总统"大选需要，2007 年底又宣布要撤去蒋介石的慈湖陵寝和蒋经国的大溪陵寝护卫哨兵。岛内这种"去蒋化"政治气候，直到 2008 年国民党的马英九赢得大选重新执政后，才得以逆转。

蒋氏父子是浙江奉化人。根据江浙一带的习俗，人死在异乡而又暂时未能归葬老家的话，就先予浮厝方式处理。所谓浮厝方式，是指灵柩离地三寸，在四个角垫高。采用这样的殡葬方式，是为了让后世子孙能在不破土刨坟的情况下，轻易地迁葬先人。

其实，两蒋灵柩为何在台湾没有下葬，除了家乡习俗的因素之外，更有政治的考量。台湾"国立"政治大学历史系刘维开教授认为："如果蒋那时下葬了，很难向跟随他来台有 200 万之众的人交代，等于放弃'反击大陆，统一中国'的施政纲领。就是当时下葬了，将来光复大陆后就不能迁葬吗？暂厝的政治意义大于实际意义，象征性在显示'反攻大陆，收复故土'的决心。"

但两蒋灵柩这一暂厝，即所谓"浮葬"，却给历史埋下了悬念。

1973 年 3 月 29 日，蒋介石病重，自知不起，嘱咐身边的亲属和高级官员说："我死后，将灵柩暂厝慈湖，那儿风景好，很像我们奉化老家。"慈湖陵寝原名“洞口宾馆”，由台当局“行政院退除役官兵辅导委员会”所属的“荣民工程处”(今荣民工程公司)兴建，落成于1959年6月13日。1962年由蒋介石手书“慈湖”并更名为“慈湖宾馆”。在蒋介石去世前是作为行馆之用。

而蒋经国在1988年1月13日去世前，已经预先交代好，由于生前未能在母亲毛福梅膝前尽孝，希望死后有机会迁葬在母亲墓前，能生生世世陪伴母亲。蒋经国于1988年去世后，暂厝于距离慈湖陵寝约2公里外的“头寮宾馆”，现称大溪陵寝。

据台湾媒体报道，蒋经国三子蒋孝勇生前到北京曾表达移灵心愿，被答复说，如果二蒋是以“国民党已故领导人”的身份归葬，大陆官方自会欢迎配合；但若以“中华民国已故总统”的身份，则需要高层进一步研究了。

而对于两蒋移灵奉化故里的议题，浙江奉化溪口民间表态热烈。当地的民众认为，“树高千丈，叶落归根，这是中国人的传统，两蒋归葬祖坟天经地义”。

六十年来家国，三千里地山河。当年的仓皇辞庙，今日的故土难归。这中间血泪交织的，是那个大时代里的中国人，难以言说的苦难和无法预料的命运。

丁雯静曾跟我说，她制作《一九四九大迁徙》，并不是想去评论人物的历史功过，只想透过这些国民党大佬及庶民生活所交织而成的生命史，来还原大迁徙的历史场景。这些人后半生的飘零和伤痛，和60年前的那次大迁徙紧紧相连，和那个作决定迁台的大人物有关。

一九四九大迁徙，两蒋暂厝台湾三十年。

超级链接

子贡问丧。子曰：“敬为上，哀次之，瘠为下。颜色称其情，戚容称其服。”

(《礼记·杂记下》)

父母既没，慎行其身，不遗父母恶名，可谓能终矣。

(《礼记·祭义》)

夫孝者，善继人之志，善述人之事者也。春秋修其祖庙，陈其宗器，设其裳衣，荐其时食。……践其位，行其礼，奏其乐，敬其所尊，爱其所亲，事死如事生，事亡如事存，孝之至也。

（《礼记·中庸》）

全孝以慎终为要，慎终以速葬为要。

（清·裕谦《裕靖节公遗书》）

主要参考书目

唐·吴兢编著《贞观政要》
唐·虞世南《帝王略论》
清·吴楚材、吴调侯编选《古文观止》
清·尹会一辑评《君鉴录·臣鉴录·士鉴录》
章太炎《章太炎谈国学》
孙中山《三民主义》
鲁迅《鲁迅经典全集》
邢祖援、陈景新《古文孝经解读》
胡平生、陈美兰译注《礼记·孝经》
吕友仁、吕咏梅译注《礼记全译·孝经全译》
蒋见元、程俊英注译《诗经》
王永智注译《先儒寄语》
高维国、张格主编《十三经箴言》
谢宝耿编著《中国孝道精华》
魏英敏《孝与家庭伦理》
岳庆平《汉代家庭与家族》
蔡德贵整理《大国学:季羡林口述史》
降大任《国学心解》
陈戍国《中国礼制史(先秦卷)》
夏雨人《中国人的故事》
曾仕强《中国文化的特质》
曾仕强《中国式管理》
白岩松《幸福了吗?》

本书在撰写过程中,还借鉴和参考了多种报刊以及互联网上大量的资讯和论述,也汲取了其中的哲思菁华,从中受益匪浅,在此不一一列出。谨向各位著者、作者表示敬意和谢意。

读经杂拌

寻找远去的孝道

先转述一个故事。这个故事是相声演员姜昆日前在2006中国演艺界“十大孝子”颁奖晚会上讲的。在演艺界，姜昆是出了名的孝子，无论是对自己的老母亲，还是前不久过世的师傅马季。姜昆说，“孝”字就是儿子背上背着一个老人。但儿子要把老人背到哪里去呢？在人类还处于原始社会的时候，粮食、肉等食物极度短缺。老人老了，不能干活还要分口粮，成了家庭中的极大负担。那个时候的年轻人就背起老人，把老人扔到深山老林，让野兽吃掉。有一次，一个年轻人背着一个老人往山里走时，老人拿了根树枝，一边折一边扔。年轻人就问老人：“你在做什么？”老人说：“我看天快黑了，怕你回去的时候找不着路，迷在山里，我就一路给你留下枝条，做好回家的标记……”这个儿子一听，潸然泪下。于是，他转过身来，把老人重新背回了家，好好侍奉。从此，孝道在人类社会出现了。人类也从原始社会迈向了文明开端的时代。姜昆说：“如果我们今天还有人不孝的话，那不就是越活越活回去了吗？”

姜昆的这番话，让我想起黑龙江人大代表翟玉和，以及他的那份上书中央的《孝道调查报告》。该份报告通过对除台湾省外的31省46县72村10401人的调查，结果触目惊心。数据显示：在当代中国，只有18%的子女是尽孝的，标准是待父母如同待子女；30%是不尽孝的，不孝的表现是“视父母为路人”；52%的儿女对父母感情麻木，一年甚至跟父母说不上一句话。翟玉和认为，和谐社会的基础是社会的细胞——千千万万的家庭和谐，而家庭和谐的关键是长幼有序，父慈子孝。一个人在家恪守孝道，出门必以待亲之心友善他人，也就是“入以孝悌，出以忠信”。而重孝社会氛围的形成，是构建和谐社会、解决社会养老问题成本最小的办法。翟玉和的家是个有好几十口人的大家族。他说他的儿孙们曾召开过一个家庭讨论会,议题是:咱家老爷子搞了这么一个孝道调查,咱们家的儿孙们该如何尽孝?孝的标准是什么?儿孙们最后达成的共识是:不让老人生气,就是尽孝。翟玉和说:"这个标准看似简单,但真正做到并不容易。往高里说,做到这一点了,社会就和谐了,贪污腐败就少了——看看那些贪官们,都是和老婆孩子同流合污,哪里有敢和父母一起贪污的?"

拉拉杂杂这么多,终于扯到正题上来了。领导干部的操守、品行以及生活细节,最近被纳入了反腐视野。1月10日,为期3天的中纪委第七次全体会议在北京落幕。作为对中共党内"领导干部"的警策,会议通过的公报详细列举了近年出现的一系列新的腐败形式。其中主要的一条就是:借委托他人投资证券或其他委托理财的名义,为本人谋取预期的不正当利益或以各种方式为配偶、子女和其他亲友谋取不正当利益。公报要求"继续抓好对领导班子特别是主要负责人的监督",并"严格执行党员领导干部报告个人有关事项的规定"。而在此前后,各地也纷纷出台了对领导干部生活作风问题新的监管条例。其中最典型的有两例:其一是山西省河津市出台规定,不孝敬父母、不善待配偶的不能提拔任用;另一例就是北京市颁布了新的实施办法,副处以上党员领导干部婚姻变化应当向组织申报。这背后的理由很简单也很直接:如果一个领导干部连自己的父母妻儿都不能善待,怎么能权为民所用、利为民所谋?而回顾2006年中国腐败大案,不少倒下的领导干部,其涉案案情中不乏生活作风的问题。比如,中纪委对北京市原副市长刘志华的立案调查报告中称,刘志华"生活腐化堕落,包养情妇并滥用职权为其情妇承揽工程谋取巨额非法利益"。刘志华可能没有读过《孝经》,什么是"诸侯之孝"?"在上不骄,高而不危;制节谨度,满而不溢。"

在当下,有学者认为传统孝道文化植根于农业社会的历史时空,而经济发展以及社会转型变迁必然导致传统孝道文化的终结,也有人称孝是私德不是公德。其实,只要好好地将姜昆说的故事回味一遍,或将古人的《孝经》重温一遍,就会明白在当下的中国寻找远去的孝道有其时代的紧迫感:"教民亲爱,莫善于孝。"西方哲学家康德曾说:"令我敬畏的是头顶的星空和内心的道德法则。"而中国传统的孝道,就是深植国人内心的道德法则,维护着东方家庭的和谐与社会稳定。

(原载《中国青年》2007年第4期"半月社会记录"专栏)

万事不如身手好

2008年下半年,我从北京回到深圳后不久,搬过一次家。有一天在抱着一箱书下楼时不小心摔了一跤,摔得还挺狠。只见满载着书报的纸箱从我怀中飞了出去,我扑倒在地怎么也起不来了,右脚踝处是钻心的痛。

那一刻,我的脑袋一片空白:对于一个喜欢运动,喜欢开车外出采访、上下班的人,右脚的突然受伤简直就是晴天霹雳。我在地上慢慢地撑着坐起来。用手摸了摸右脚的骨头。很疼,但好像没有骨折。我深吸了一口气。给《大公报》深圳新闻中心打了个电话,告知受伤一事。黎姐在电话里跟我说,你别急,也别乱动了,先在家好好休养一阵吧。

就这么一养,我养了一个多月。幸运的是小区楼下就有一个中医门诊。我每天摸着下楼让医师摸摸骨,做做理疗护理。脚部逐渐消肿、祛淤以后,又接受针灸。那段时间,为我治疗的黄医师每次都宽慰我说:伤筋动骨一百天。你已经好得很快了。

那段时间闲在家,除了写写专栏,就是看书。其中有一本是史铁生的《病隙碎笔》。这本书买了好多年了,每次拿起来都没看下去。这一次,终于读完了。而且,读得心有戚戚。

史铁生在书中写道:"生病也是生活体验之一种,甚或算得一项别开生面的游历。生病的经验是一步步懂得满足。发烧了,才知道不发烧的日子多么清爽。咳嗽了,才体会不咳嗽的嗓子多么安详。刚坐上轮椅时,我老想,不能直立行走岂非把人的特点搞丢了?便觉天昏地暗。等到又生出褥疮,一连数日只能歪七扭八地躺着,才看见端坐的日子其实多么晴朗。后来又患'尿毒症',经常昏昏然不能思想,就更加怀恋起往日时光。终于醒悟:其实每时每刻我们都是幸运的，因为任何灾难的前面都可能再加一个‘更’字。”

没生过比较长一段时间病的人是很难有这种体验的。我从小到大这30来年中，这次的脚部受伤应该算第一次“有大患”。这种特殊的体验让人印象深刻：我的脚踝可以转动了，我可以用右脚撑地了，我可以两只脚一前一后踮着走上几步了……

我可以一瘸一拐坐公车去办公室了，而且还大着胆子坐到了残疾人及有需要人士的专用位上，又很担心地想，要是上来了一个老太太，我要不要给她让座？……

直到有一天，我下公车时，突然发现自己是右脚先着的地，我心底的那个激动：我的脚终于正常了。“万事不如身手好。”

很小的时候，就喜欢清人王国维的《人间词话》与《人间词》。王国维的这阕《浣溪沙》早就能倒背如流：“草偃云低渐合围，雕弓声急马如飞。笑呼从骑载禽归。万事不如身手好，一生须惜少年时。那能白首下书帷。”

如果不是脚部受伤，我恐怕就是再年长个三年五载的，也很难明白这阕词中的苍凉与深意。“笑呼从骑载禽归”的日子已远去，“白首下书帷”的日子等在我的前头。我是该好好地想一想：我是要继续以前“雕弓声急马如飞”的生活，还是和它做个告别？

2009年春节过后，我向待了四年之久的《大公报》提交了辞呈，一如我四年前向自创刊以来一直待了5年之久的《凤凰周刊》提交辞呈一样：心底有个声音告诉我，你该走了，你需要有个新的出发。

“万事不如身手好，一生须惜少年时。”趁还能抓住个青春的尾巴去多做尝试生命的可能性，去做自己最想做的事，去完成自己的一些长久以来的夙愿。比如坐下来读一直想读的一些圣贤经典，写一些不再是职业行为的文字，走一走一直想去的古镇边城，拜访一些我一直想见的师友……

人的一生取决于读过的书、去过的地方和遇到过的人。趁着身手正好，向着幸福出发。记得北京有个摇滚乐队，曾将嘹亮的军歌唱得荡气回肠：“向前向前向前，我们的队伍向太阳……”

为“量中华之物力”一辩

《变态的“二十四孝”,可以休矣!》一文,在我的私人博客里发表后,有位名叫余超英的博友给我留言表示,她在方志上看到古代孝的标准,譬如割大腿的肉煮汤给父母吃,尝父母的粪便……这些竟然被视为大孝,被载入史册!这样的孝是愚孝!现在有人活着对父母不好,死了却大操大办,这样的假孝,也不好!现在媒体大讲这样的《孝经》要干什么?国家的责任是什么?成天讲这孝那孝,做好医疗保险、养老保险,那才是公仆们对人民最大的孝!有钱办这“运”那“运”,把一年一度老百姓的春运办好,那才是政府对人民最大的孝!我认为余超英对《孝经》的理解很到位,讲得非常好。

《孝经》第八章“孝治章”中说,古代有德的君王以孝治天下,“故得万国之欢心”;有德的诸侯以孝治国,“不敢侮于鳏寡”,“故得百姓之欢心”。只有做到这些,才能成就太平盛世、和谐社会,才能四海宾服、八方来朝,才可以称为天朝上国。我想,如果没有前面这些铺陈,一开篇就说“得万国之欢心”,很多人第一反应不会想到《孝经》,而会是那个清朝的慈禧老太太。她当年的那条“量中华之物力,结与国之欢心”的上谕实在是太有名了。世人对这句话的理解几成定论,认为义和团运动后的清政府,已沦为“洋人的朝廷”(资产阶级革命派陈天华语)。这道上谕就是慈禧向洋鬼子表忠心,将最大限度地满足列强的各种侵略要求,出卖国家与民族的利益。“这道上谕说,朝廷的态度是‘量中华之物力,结与国之欢心’。这就是说它一定要把‘中华之物力’,有多少就拿出多少来,巴结这些武装占领了首都的‘与国’。”(胡绳《从鸦片战争到五四运动》)

但慈禧的这道上谕中的“量中华之物力,结与国之欢心”,本意果真就是自己要赤裸裸地卖国么？如果真是如此，这就不是道德问题了，而是智商问题了。试问，哪一个执政者会无耻到将自己卖国资敌的意图，毫无遮掩写入堂堂的上谕之中？因为那些罪恶的交易在台面下进行就好了，没必要白目到端上台面来大讲特讲。礼义廉耻，国之四维。慈禧再笨也不会笨到不懂，只要彻底、公开、无耻地表示当败家的主，清政府立马就得下台。因为，这样的朝廷，在国民的心目中，还有继续执政的合法性吗？据说清康熙大帝曾规定王公大员必读《三国演义》、《孝经》、《老子》这三本书，慈禧上谕中的“结与国之欢心”很明显脱胎于《孝经》的“得万国之欢心”，如果按《孝经》的意思来看，慈禧上谕中用此语本意应是力图给清廷保点颜面，对子民也能交代过去，而不是可着劲地媚外。但又该如何理解“量中华之物力”呢？

笔者近日看到历史学者、北师大博士生导师王开玺的一篇文章，提到1901年2月14日的清廷上谕，除了外界广泛引用的一段文字：“各国和议十二条大纲，业已照允。仍电饬该全权大臣将详细节目悉心酌核，量中华之物力，结与国之欢心。既有悔祸之机，宜颁自责之诏……今兹议约，不侵我主权，不割我土地。念友邦之见谅，疾愚暴之无知，事后追思，惭愤交集”，后面还有一段话值得注意：“惟各国既定和约，自不致强人所难。着于细订约章时，婉商力辩，持以理而感以情。各大国信义为重，当视我力之所能及，以期其议之必可行。此该全权大臣所当竭忠尽智者也。”王开玺教授结合史实中清廷大臣当年在对外赔款问题上的种种外交努力，提出了一种对慈禧上谕的新解读。他说，我们是否可以这样理解，即清廷的上谕是要求议和大臣奕劻、李鸿章，必须“竭忠尽智”，与列强切实相商，不得任其在赔款等问题上漫天要价，任意要挟，以尽可能少的“中华之物力”，来“结与国之欢心”。

也就是说，清廷上谕中之“量中华之物力”，就其本意或主观意图而言，应该并非尽最大可能，最大限度地出卖国家与民族的利益，而是在“不败和局”，确保其政治统治的前提下，以最小的代价，尽可能少的“中华之物力”，去“结与国之欢心”。笔者认为，王开玺教授的这一观点是站得住脚的。再怎么地，毕竟曾经是有过康乾盛世的天朝上国，不能不顾及自己的尊严，直接自己动手扯下腰间那最后一点遮羞布吧？如果一个政府可以无耻到这个地步，那还用废话什么“竭忠尽智”，孝治天下？

说到这里，想到一桩旧事。2007年夏天，我曾应《环球时报》的编辑约稿，写过一篇《备奥运年，别吊高世人的胃口》(见2007年8月17日该报“国际论坛”版)。该文章的主要意思就是说，在2008北京奥运进入倒计时一周年之际,国内不少媒体对北京奥运筹备情况的报道,有意无意地建构起了一个"形势一片大好、而且越来越好"的媒介现实。并在国际社会上营造出了一种让人担忧的气氛,中国举国上下热切期盼奥运,似乎只要奥运顺利举行,中国人可以作出任何牺牲。

我在该文章中写道:依笔者的观察,在这样一个网络技术高度发达的年代,如果我们总是一味地营造"同一个世界,同一个声音","举国欢庆,全球期待"的气氛,我们国内的媒体习惯性地报喜不报忧,很难让习惯意见多元的西方社会觉得真实可信。北京两次申奥团队成员、知名媒体人杨澜近日接受媒体采访时指出,中国人对奥运有特殊的情感,其中夹杂了民族感情,包括对国力的认同,融入国际社会的一种信心,很多有中国特色的元素。但一些美国的记者就跟她说,杨澜,你们根本不必要为了奥运而把街道打扫得多么干净,要管制交通,其实很多国家的交通都会堵塞啊,只要不妨碍比赛就可以了;中国现在这样已经博得国际社会很大的好感了,你们不必一定要人为地营造出一种气氛。相反他们会觉得政府组织的痕迹太强,为了所谓的表面的整洁,一定要让民工离开啊,打狗打猫啊,这些事情在他们眼里反而是做得不妥当的。

同时,我特别指出,在 8 月 8 日北京奥运会倒计时一周年庆典上,全国人大委员长吴邦国在致辞中有两句话。一句是:"把北京 2008 年奥运会办成一届有特色、高水平的奥运会,是中国政府和人民作出的郑重承诺。"另一句是:"我们将提供符合奥运会标准的优质服务,为他们参与竞赛、开展工作、参观访问创造良好的条件。"这两句话完整地表述了中央政府对北京奥运会的务实认知。没有选用"最成功"、"最辉煌"等字眼,而只用"有特色,高水平"这六个字,表现出了我国对以往奥运举办国的尊重。用简单直接的"符合奥运会标准",而不用界定模糊的"高标准",体现的是切实可行、负责可信的态度。

在该文的结尾,我提出,北京官方在迎接奥运立场上应保持一种必要的风度和大度,不要去吊高世人的胃口,"奥运只是中国承办的一项世界盛事。中国会努力去完成这项世界交给中国的任务,仅此而已"。当年这篇文章一经发表,转载甚多、流传甚广,且不说在新华网、人民网等众多主流媒体网站上都看得到,居然连胡耀邦史料信息网也收录了它,这有点让我始料未及。当然,还有渠道反馈回来,它也得到了北京高层的注意。

现在回头看来,当年我说的那意思就是承办盛会是好事,但要注意"量中华之物力","得百姓之欢心"。用余超英博友的话来说,就是有能力办好奥运、世博会真的不算什么，把一年一度老百姓的春运办好，做好民众的社会保障体系工作，那才能“得百姓之欢心”，才会“民用和睦，上下无怨”，和谐稳定，盛世太平。

唐玄宗的御注《孝经》序

朕闻上古,其风朴略。虽因心之孝已萌,而资敬之礼犹简,及乎仁义既有,亲誉益著。圣人知孝之可以教人也,故因严以教敬,因亲以教爱。

于是以顺移忠之道昭矣,立身扬名之义彰矣。子曰:吾志在《春秋》,行在《孝经》。是知孝者,德之本欤?

《经》曰:昔者明王之以孝理天下也,不敢遗小国之臣,而况于公、侯、伯、子、男乎?朕尝三复斯言,景行先哲,虽无德教加于百姓,庶几广爱刑于四海。

嗟乎,夫子没而微言绝,异端起而大义乖。况泯绝于秦,得之者皆煨烬之末;滥觞于汉,传之者皆糟粕之余。故鲁史《春秋》,学开五传;《国风》、《雅》、《颂》,分为四诗。去圣逾远,源流益别。

近观《孝经》旧注,蹐驳尤甚。至于迹相祖述,殆且百家。业擅专门,犹将十室。希升堂者,必自开户牖。攀逸驾者,必骋殊轨辙。是以道隐小成,言隐浮伪。且传以通经为义,义以必当为主。至当归一,精义无二,安得不翦其繁芜,而撮其枢要也?

韦昭、王肃,先儒之领袖。虞翻、刘邵,抑又次焉。刘炫明安国之本,陆澄讥康成之注。在理或当,何必求人?今故特举六家之异同,会五经之旨趣;约文敷畅,义则昭然;分注错经,理亦条贯。写之琬琰,庶有补于将来。

且夫子谈经,志取垂训。虽五孝之用则别,而百行之源不殊。是以一章之中,凡有数句;一句之内,意有兼明;具载则文繁,略之又义阙。今存于疏,用广发挥。

朕听说远古时候,民风纯朴,虽然对父母的孝敬之心已经萌芽,但还没有

一套完整的礼仪。到后来,仁义之心和正义之道具备,孝敬亲人所得到的赞誉越来越明显。圣人知道孝道是可以用来教化人民的,就根据子女孝敬父母的道理来教导人们尊敬他人,根据父母爱护子女的道理来教导人们爱护他人。

因此,将对父母的孝敬对兄长的孝悌推移到对君王的忠孝上来的道理就非常清楚了。一个人建功立业扬名后世的意义就十分明显了。孔子说:我的心志在于《春秋》,德行在于《孝经》。这是懂得孝道是一切德行的根本啊!

《孝经》说:往昔圣明之王用孝治理天下,尚且不敢失礼于小国派来的使臣,更何况对于那些公、侯、伯、子、男呢?朕曾经多次读思此言,感觉古代的贤人确实品行高尚;虽没有用德教来教化百姓,但不久广敬博爱的风气将遍及四海。

唉,孔子逝世后他的微言大义慢慢消失了,异端兴起而微言大义遭到歪曲。况且其经典著作在秦始皇焚书坑儒时几乎被灭绝,有幸在这场浩劫中存留下来的已经是微乎其微。孔子的著作在汉代得以广泛流传,但给孔子著作作传注解的大都质量粗劣。所以给孔子《春秋》作注解的就有《左传》、《公羊传》、《穀梁传》、《邹氏传》、《夹氏传》五种。给《诗经》作注解的就有鲁、韩、齐、毛四家。距离孔子的时代越远,对孔子原著的理解差别就越大。

近观《孝经》的旧注,发现尤其杂乱无章,错误百出。至于那些似是而非的注解,大概将近百家,专门研究孔子的机构也不少。那些希望登上学问殿堂的人,必定首先自立门户。而这些人急于求成就像驾着乱跑的车子,一定是跑得越快,而离目的地越远。因此将大道理变成细微末节的东西,言论遮遮掩掩,尽是一些浮华之词。况且注释要以通晓经义为主要目的,通晓经义要以理解正确为首要。对经义的正确理解应该是一致的。精妙的经义不会得出不同的结论,怎么不减除那些杂乱的错误,而提炼出其中的精华呢?

韦昭、王肃,是先儒的领袖。虞翻、刘邵,则又次于其后。刘炫对《孝经》的注释反映了孔安国的原意,陆澄却随意讥讽郑康成的注释。对经义的理解合情合理并且准确就行,何必以己之见责备于人?现在朕特意列举韦昭、王肃、虞翻、刘邵、刘炫、陆澄这六家注释的异同,总结出对五经注解的要点。能简略的就简略,该发挥的就发挥,这样经义就能清楚明了;在注释时要将经义和注释分开,这样就能条理清楚,内容连贯。把它刻在玉石上,也许对后人有所补益。

而且夫子著作《孝经》的目的,是为了教诲后人。虽然天子、诸侯、卿大夫、士、庶民的孝道各有区别，而所有品行形成的根源却没有什么不同。这样在一章中，有的有很多句；一句之内，也有意思相同的地方。全部记载下来就显得文意繁复，省略掉又担心经义不完整。现在保存在注疏之中，以便广泛地阐述经义。

朱熹的《孝经刊误》

仲尼闲居，曾子侍坐。子曰：“参，先王有至德要道，以顺天下，民用和睦，上下无怨，汝知之乎？”

曾子避席曰：“参不敏，何足以知之？”

子曰：“夫孝，德之本也，教之所由生。复坐，吾语汝。身体发肤，受之父母，不敢毁伤，孝之始也；立身行道，扬名于后世，以显父母，孝之终也。夫孝，始于事亲，中于事君，终于立身。《大雅》云：‘毋念尔祖，聿修厥德。’”

子曰：“爱亲者，不敢恶于人；敬亲者，不敢慢于人。爱敬尽于事亲，而德教加于百姓，刑于四海，盖天子之孝。《甫刑》云：‘一人有庆，兆民赖之。’”

“在上不骄，高而不危；制节谨度，满而不溢。高而不危，所以长守贵；满而不溢，所以长守富。富贵不离其身，然后能保其社稷而和其民人，盖诸侯之孝。《诗》云：‘战战兢兢，如临深渊，如履薄冰。’”

“非先王之法服不敢服，非先王之法言不敢道，非先王之德行不敢行，是故非法不言，非道不行；口无择言，身无择行；言满天下无口过，行满天下无怨恶。三者备矣，然后能守其宗庙，盖卿大夫之孝也。《诗》云：‘夙夜匪懈，以事一人。’”

“资于事父以事母而爱同，资于事父以事君而敬同。故母取其爱，而君取其敬，兼之者，父也。故以孝事君则忠，以敬事长则顺。忠顺不失，以事其上，然后能保其爵禄而守其祭祀，盖士之孝也。《诗》云：‘夙兴夜寐，毋忝尔所生。’”

子曰：“用天之道，因地之利，谨身节用，以养父母，此庶人之孝也。故自天子以下至于庶人，孝无终始而患不及者，未之有也。”

此一节，夫子、曾子问答之言，而曾氏门人之所记也。疑所谓《孝经》者，其本文止如此。其下则或者杂引传记以释经文，乃《孝经》之传也。窃尝考之，传文固多傅会，而经文亦不免有离析增加之失。顾自汉以来，诸儒传诵，莫觉其非。至或以为孔子之所自著，则又可笑之尤者。盖经之首统论孝之终始，中乃敷陈天子、诸侯、卿大夫、士、庶人之孝，而其末结之曰："故自天子以下至于庶人，孝无终始而患不及者，未之有也。"其首尾相应，次第相承，文势连属，脉络通贯，同是一时之言，无可疑者。而后人妄分，以为六、七章（今文作六章，古文作七章），又增"子曰"及引《诗》、《书》之文以杂乎其间，使其文意分断间隔，而读者不复得见圣言全体大义，为害不细。故今定此六、七章者合为一章，而删去"子曰"者二、引《书》者一、引《诗》者四，凡六十一字，以复经文之旧。其传文之失，又别论之如左方。

曾子曰："甚哉，孝之大也！"子曰："夫孝，天之经，地之义，民之行。天地之经，而民是则之。则天之明，因地之义，以顺天下。是以其教不肃而成，其政不严而治。先王见教之可以化民也，是故先之以博爱，而民莫遗其亲；陈之以德义，而民兴行；先之以敬让，而民不争；导之以礼乐，而民和睦；示之以好恶而民知禁。《诗》云：'赫赫师尹，民具尔瞻。'"

此以下皆传文，而此一节盖释"以顺天下"之意，当为传之三章，而今失其次矣。但自其章首以至"因地之义"，皆是《春秋左氏传》所载子太叔为赵简子道子产之言，唯易"礼"字为"孝"字，而文势反不若彼之通贯，条目反不若彼之完备。明此袭彼，非彼取此，无疑也。（子产曰："夫礼，天之经，地之义，民之行也。天地之经，而民实则之。则天之明，因地之性"，其下便陈天明、地性之目，与其所以"则之、因之"之实，然后简子赞之曰："甚哉，礼之大也！"首尾通贯，节目详备，与此不同。）其曰"先王见教之可以化民"又与上文不相属，故温公改"教"为"孝"，乃得粗通。而下文所谓"德义、敬让、礼乐、好恶"者，却不相应，疑亦裂取他书之成文而强加装缀，以为孔子、曾子之问答，但未见其所出耳。然其前段文虽非是，而理犹可通，存之无害。至于后段则文既可疑，而谓圣人见孝可以化民而后以身先之，于理又已悖矣。况"先之以博爱"亦非立爱惟亲之序，若之何而能使民不遗其亲邪？其所引《诗》亦不亲切。今定"先王见教"以下凡六十九字并删去。

子曰："昔者明王之以孝治天下也，不敢遗小国之臣，而况于公侯伯子男乎？故得万国之欢心以事其先王；治国者不敢侮于鳏寡，而况于士民乎？故得百姓之欢心以事其先君；治家者不敢失于臣妾，而况于妻子乎？故得人之欢心以事其亲。夫然，故生则亲安之，祭则鬼享之，是以天下和平，灾害不生，祸乱不作。故明王之以孝治天下如此。《诗》云：‘有觉德行，四国顺之。’”

此一节释“民用和睦、上下无怨”之意，为传之四章。其言虽善，而亦非经文之正意。盖经以孝而和，此以和而孝也。引《诗》亦无甚失。且其下文语已更端，无所隔碍，故今且得仍旧耳。（后不言合删改者，仿此。）

曾子曰：“敢问圣人之德，其无以加于孝乎？”子曰：“天地之性人为贵，人之行莫大于孝，孝莫大于严父，严父莫大于配天，则周公其人也。昔者，周公郊祀后稷以配天，宗祀文王于明堂以配上帝，是以四海之内各以其职来助祭。夫圣人之德，又何以加于孝乎？故亲生之膝下以养父母日严，圣人因严以教敬，因亲以教爱。圣人之教不肃而成，其政不严而治，其所因者，本也。”

此一节释“孝德之本”之意，传之五章也。但“严父、配天”本因论武王、周公之事而赞美其孝之词，非谓凡为孝者皆欲如此也。又况孝之所以为大者，本自有亲切处，而非此之谓乎！惹必如此而后为孝，则是使为人臣子者，皆有今将之心，而反陷于大不孝矣。作传者但见其论孝之大，即以附此，而不知其非，所以为天下之通训。读者详之，不以文害意焉可也！其曰：“故亲生之膝下”以下，意却亲切，但与上文不属，而与下章相近，故今文连下二章为一章。但下章之首语已更端，意亦重复，不当通为一章。此语当依古文，且附上章，或自别为一章可也。

子曰：“父子之道，天性，君臣之义。父母生之，续莫大焉；君亲临之，厚莫重焉。”子曰：“不爱其亲而爱他人者，谓之悖德；不敬其亲而敬他人者，谓之悖礼。以顺则逆，民无则焉。不在于善，而皆在于凶德，虽得之，君子所不贵。君子则不然，言斯可道，行斯可乐，德义可尊，作事可法，容止可观，进退可度，以临其民。是以其民畏而爱之，则而象之，故能成其德教而行政令。《诗》云：‘淑人君子，其仪不忒。’”

此一节释“教之所由生”之意，传之六章也。古文析“不爱其亲”以下别为一章，而各冠以“子曰今文则合之，而又通上章为一章，无此二“子曰”字，而于“不爱其亲”之上加“故”字。今详此章之首，语实更端，当以古文为正。“不爱其亲”，语意正与上文相续，当以今文为正。至“君臣之义”之下，则又当有脱简焉，今不能知其为何字也。“悖礼”以上皆格言，但“以顺则逆”以下则又杂取《左传》所载季文子、北宫文子之言，与此上文既不相应，而彼此得失又如前章所论子产之语，今删去凡九十字。（季文子曰：“以训则昏，民无则焉。不度于善，而皆在于凶德，是以去之。”北宫文子曰：“君子在位可畏，施舍可爱，进退有度，周旋可则，容止可观，作事可法，德行可象，声气可乐，动作有文，言语有章，以临其下。”）

子曰：“孝子之事亲，居则致其敬，养则致其乐，病则致其忧，丧则致其哀，祭则致其严。五者备矣，然后能事亲。事亲者，居上不骄，为下不乱，在丑不争。居上而骄则亡，为下而乱则刑，在丑而争则兵。此三者不除，虽日用三牲之养，犹为不孝也。”

此一节释“始于事亲”及“不敢毁伤”之意，乃传之七章，亦格言也。

子曰：“五刑之属三千，而罪莫大于不孝。要君者无上，非圣人者无法，非孝者无亲，此大乱之道也。”

此一节因上文“不孝”之云而系于此，乃传之八章，亦格言也。

子曰：“教民亲爱莫善于孝，教民礼顺莫善于弟，移风易俗莫善于乐，安上治民莫善于礼。礼者，敬而已矣。故敬其父则子悦，敬其兄则弟悦，敬其君则臣悦，敬一人而千万人悦。所敬者寡而悦者众，此之谓要道。”

此一节释“要道”之意，当为传之二章。但经所谓“要道”，当自己而推之，与此亦不同也。

子曰：“君子之教以孝也，非家至而日见之也。教以孝，所以敬天下之为人父者；教以悌，所以敬天下之为人兄者；教以臣，所以敬天下之为人君者。《诗》云：‘恺悌君子，民之父母。’非至德，其孰能顺民如此其大者乎？”

此一节释“至德以顺天下”之意，当为传之首章。然所论至德，语意亦疏，如上章之失云。

子曰：“昔者，明王事父孝，故事天明；事母孝，故事地察；长幼顺，故上下治。天地明察，神明彰矣。故虽天子，必有尊也，言有父也；必有先也，言有兄也。宗庙至敬不忘亲也，修身慎行恐辱先也。宗庙致敬，鬼神著矣。孝悌之至，通于神明，光于四海，无所不通。《诗》云：‘自西自东，自南自北，无思不服。’”

此一节释天子之孝，有格言焉，当为传之十章。(或云宜为十二章。)

子曰：“君子之事亲孝，故忠可移于君；事兄悌，故顺可移于长；居家理，故治可移于官。是故行成于内，而名立于后世矣。”

此一节释立身扬名及士之孝，传之十一章也。(或云宜为九章。)

子曰：“闺门之内，具礼矣乎！严父，严兄。妻子臣妾，犹百姓徒役也。”

此一节因上章“三可移”而言，传之十二章也。严父，孝也；严兄，弟也。妻子臣妾，官也。(或云宜为十章。)

曾子曰：“若夫慈爱、恭敬、安亲、扬名，参闻命矣。敢问：从父之令可谓孝乎？”子曰：“是何言与！是何言与！昔者，天子有争臣七人，虽无道不失其天下；诸侯有争臣五人，虽无道不失其国；大夫有争臣三人，虽无道不失其家；士有争友，则身不离于令名；父有争子，则身不陷于不义。故当不义，则子不可以弗争于父，臣不可以弗争于君。故当不义则争之，从父之令，又焉得为孝乎？”

此不解经而别发一义，宜为传之十三章。

子曰：“君子事上，进思尽忠，退思补过，将顺其美，匡救其恶，故上下能相亲。《诗》曰：‘心乎爱矣，遐不谓矣。中心藏之，何日忘之？’”

此一节释忠于事君之意，当为传之九章。(或云宜为十一章。)因上章争臣而误属于此耳。“进思尽忠，退思补过”亦《左传》所载士贞子语，然于文理无害。引《诗》亦足以发明移孝事君之意，今并存之。

子曰：“孝子之丧亲，哭不偯，礼无容，言不文，服美不安，闻乐不乐，食旨不甘，此哀戚之情。三日而食，教民无以死伤生，毁不灭性，此圣人之政。丧不过三年，示民有终。为之棺椁衣衾而举之，陈其簠簋而哀戚之，擗踊哭泣哀以送之，卜其宅兆而安措之，为之宗庙以鬼享之，春秋祭祀以时思之。生事爱敬，死事哀戚，生民之本尽矣，死生之义备矣，孝子之事亲终矣。”

传之十四章，亦不解经而别发一义，其语尤精约也。

章太炎谈"国学之统宗"

今欲改良社会，不宜单讲理学。坐而言，要在起而能行。周、孔之道，不外修已治人，其要归于六经。六经散漫，必以约持之道，为之统宗。余友桐城马通伯，主张读三部书，一《孝经》，二《大学》，三《中庸》。身于三书均有注解。余寓书正之，谓三书有不够、有不必。《孝经》、《大学》固当，《中庸》则不必取。盖《中庸》者，天学也。自"天命之谓性"起，至"上天之载无声无臭"止，无一语不言天学。以佛法譬之，佛法五乘，佛法以内者，有大乘、小乘、声闻独觉乘，佛法以外者，有天乘，人乘。天乘者，婆罗门之言也。人乘者，儒家之言也。今言修已治人，只须阐明人乘，不必涉及天乘，故余以为《中庸》不必讲也。不够者，社会腐败，至今而极。救之之道，首须崇尚气节。五代之末，气节扫地，范文正出，竭力提倡，世人始知冯道之可耻。其后理学家反以气节为不足道，以文章为病根，此后学之过也。专讲气节之书，于《礼记》则有《儒行》。《儒行》所述十五儒，皆以气节为尚。宋初，尚知尊崇《儒行》，赐新进士以皇帝手书之《儒行》。南宋即不然。高宗信高闶之言，以为非孔子之语，于是改赐《中庸》。大概提倡理学之士，谨饬有余，开展不足。两宋士气之升降，即可为是语之证。今欲卓然自立，余以为非提倡《儒行》不可。《孝经》、《大学》、《儒行》之外，在今日未亡将亡，而吾辈亟须保存者，厥惟《仪礼》中之《丧服》。此事于人情厚薄，至有关系。中华之异于他族，亦即在此。余以为今日而讲国学，《孝经》、《大学》、《儒行》、《丧服》，实万流之汇归也。不但坐而言，要在起而行矣。

先讲《孝经》。学者谓《孝经》为门内之言，与门外无关。今取《论语》较之，有子之言曰："其为人也孝弟，而好犯上者鲜矣。不好犯上，而好作乱者未之有也。”与《孝经》“先王有至德要道，民用和睦，上下无怨”意义相同。所谓犯上作乱，所谓民用和睦，上下无怨，均门外之事也，乌得谓之门内之言乎？宋儒不信《孝经》，谓其非孔子之书。《孝经》当然非孔子之书，乃出于曾子门徒之手，然不可以其不出孔子之手而薄之。宋儒于《论语》“孝弟也者其为仁之本与”一章，多致反驳，以为人之本只有仁，不有孝弟。其实仁之界说有广狭之别，克己复礼狭义也，仁者爱人广义也。如云孝弟也者其为爱人之道之本与，则何不通之有？后汉延笃著《仁孝先后论》，谓“孝在事亲，仁施品物”。孟子谓“亲亲而仁民”，由此可知孝弟固有仁之本矣。且此语古已有之，非发自有子也。《管子·戒》第二十六“孝弟者仁之祖也”。祖与本同，有子乃述管子之语耳。宋人因不愿讲《论语》此章，故遂轻《孝经》，不知汉人以《孝经》为六经总论，其重之且如此。以余观之，《尧典》“克明俊德以亲九族，九族既睦，平章百姓，百姓昭明，协和万邦，黎民于变时雍”，即《孝经》“先王有至德要道以顺天下民用和睦上下无怨”之意。孔子之说，实承《尧典》而来。宋人疑之，可谓不知本矣。且也，儒、墨之分，亦可由《孝经》见之，《墨子》长处尽多，儒家之所以反对者，即在兼爱一端。今之新学小生，人人以爱国为口头禅，此非墨子之说而似墨子。试问如何爱国？爱国者，爱一国之人民耳。爱国之念，由必爱父母兄弟而起。父母兄弟不能爱，何能爱一国之人民哉？由此可知孝弟为仁之本，语非虚作。《孝经》一书，实不可轻。《孝经》文字平易，一看便了，而其要在于实行，平时身体发肤不敢毁伤，至于战阵则不可无勇，临难则不可苟免。此虽有似矛盾，其实吾道一贯，不可非议。于此而致非议，无怪日讲《墨子》兼爱之义，一旦见敌，反不肯拼命矣。昔孟子讲爱亲敬长，为人之良能。其后阳明再传弟子罗近溪谓良知良能，只有爱亲敬长，谓孔门弟子求学，求来求去，才知孝弟为仁之本。此语也，有明理学中之一线光明，吾侪不可等闲视之者也，诸君试思，《孝经》之有关立身如此，宋人乃视为一钱不值，岂为平情之言乎？《孝经》讲孝，分列为五。其所云天子之孝，爱亲者不敢恶于人，敬亲者不敢慢于人，与《墨子》之道为近。民国人人平等，五种阶级，不必全依经文，但师其意而活用之，由近及远，逐项推广可矣。

次讲《大学》。《大学》为宋人所误解者不少。不仅误解，且颠倒其本文。王阳明出，始复古本之旧。其精思卓识，实出宋人之上。今按《大学》之言，实无所不包。若一误解，适足为杀人之本。宋人将“在亲民”改作“在新民”，以穷知事物之理解释格物。彼辈以为《康诰》有“作新民”之语，下文又有“苟日新”、“天命维新”诸语，故在亲民之“亲”，非改作“新”不可。不知《汤盘》之

"新"乃洁清身体发肤之谓。其命维新者,新其天命也,皆与亲民无关,不可据之以改经文。夫《书经》人所共读,《孟子》亦人所共读,孟子明言三代之学皆所以明人伦也。人伦明于上,小民亲于下。《尚书》尧命契作司徒,敬敷五教,其结果则百姓相亲。《大学》亲民之说,前与《尚书》相应,后与孟子相应。不知宋人何以改字也?格物之说,有七十二家之歧异,实则无一得当。试问物理学之说,与诚意正心何关?故阳明辟之,不可谓之不是。然阳明所云致良知以正物,语虽可喜,然加一良字,且语句与原意颠倒。应说致知而后物格,不应说物格而后致知也。阳明之前,郑康成训格为来,谓所知于善深,则来善物。所知于恶深,则来恶物,颇合《论语》"我欲仁斯仁至矣"之义,亦与阳明知行合一之说相符,但文义亦与原文不合,虽能言之成理,胜于晦庵,但均颠倒原文,不足以服人之心。其余汉、宋大儒讲格物者,不计其数,而皆讲之不通。明人乃有不读书之灶丁王心斋,以为格物即物有本末,致知即知所先后。千载疑窦,一朝冰释,真天下快事。盖《大学》所讲,为格物、诚意、正心、修身、齐家、治国、平天下,诚意为正心、修身之本,此为知本,此为知之至也。上所云云,尤为根本之根本。心斋不曾读书,不知格字之义。《仓颉篇》:"格,量度也。"能量度即能格物,谓致知在于度量物之本末。此义最通,无怪人之尊之信之,称为"淮南格物论"也。刘蕺山谓王阳明远不如心斋,此语诚非无故。其后假道学生李光地,亦知采取心斋。可见是非之心,人心有同然矣。阳明生时骂朱文公为洪水猛兽,阳明读书不多,未曾遍观宋人之说,故独骂朱子。实则伊川、象山均如此讲。朱子治学,亦未身能穷知事物之理。无可奈何,敷衍了事,而作此说。今之新学小生,误信朱子之言,乃谓道德而不能根据科学者,不是道德,夫所谓道德,将以反抗自然也。若随顺自然,则杀人放火,亦何不可以科学为之根据者?信斯言也,真洪水猛兽之比矣。朱子有知,不将自悔其言之孟浪乎?殷、周革命之际,周人称忠殷抗周之民曰殷顽,思有以化之,故《康诰》有作新民之言。所谓新民者,使殷民思想变换,移其忠于殷者,以忠于周室耳。新民云云,不啻顺民之谓已,此乃偶然之事,非天下之常经,不可据为典要。夫社会之变迁以渐,新学小生,不知斯义,舍其旧而新是谋,以为废旧从新,便合作新民之旨,不知其非《大学》之意也。要之,《大学》之义,当以古本为准。格物之解,当以心斋为是,不当盲从朱子。《孝经》乃一贯之道,《大学》亦一贯之道。历来政治不良,悉坐《大学》末章之病。所谓好人之所恶、恶人之所好,一也;人之彦圣,妒疾以恶之,二也;长国家而务财用,三也。三者亡国之原则,从古到今二三千年,无有不相应者。反之,即可以平天下。是故《大学》者，平天下之原则也。从仁义起，至平天下止，一切学问，皆包括其中。治国学者，应知其总汇在此。

讲明《孝经》、《大学》，人之根本已立，然无勇气，尚不能为完人，此余之所以必标举《儒行》也。《儒行》十五儒，未必皆合圣人之道。然大旨不背于《论语》，《论语》子贡问何如斯可谓之士矣？子曰：行己有耻，使于四方，不辱君命，可为士矣。子路问成人。子曰：见利思义，见危授命，久要不忘平生之言，亦可以为成人矣。士与成人，皆是有人格之意。反之，不能为人，即等于禽兽。《论语》所言，正与《儒行》相符。《儒行》见死不更其守，即《论语》见危授命之意，久不相见，闻流言不信，即《论语》久要不忘平生之言之意，可见道理不过如此。《论语》《儒行》，初无二致，宋人以"有过可微辩而不可面数也"一语，立意倔强，与子路"人告之以有过即喜"殊异，即加反对，不如骂《儒行》者，自身即坐此病。朱、陆为无极、太极之枝节问题，意见相反，书函往复，互相讥弹，几乎绝交。不关过失，已使气如此，何况举其过失乎？有朱、陆之人格，尚犹如此，何况不如朱、陆者乎？不但此也，孟子之为人，亦恐其有过之微辩而不可面数者。何以言之？淳于髡言是故无贤者也，有则髡必识之，以讥孟子。孟子引孔子之事，谓君子之所为，众人固不识也，其悻悻然之辞气，见于文字间，可知其非胸无芥蒂者。余以为自孔、颜外，其余贤者恐皆如此。然而两汉人之气节，即是《儒行》之例证。苏武使于匈奴，十九年乃返，时人重之，故宣帝为之图像。至宋，范文正讲气节，倡理学。其后理学先生却不甚重视气节，洪迈之父皓，使于金，十五年乃返，其事与苏武相类，而时人顾不重之。宋亡，而比迹冯道者，不知凡几，此皆轻视气节之故。如今倭人果灭中国，国人尽如东汉儒者，则可决其必不服从。如为南宋诸贤，吾知其服从者必有一半。是故欲求国势之强，民气之尊，非提倡《儒行》不可也。《儒行》之是否出于孔子，不必论，但论吾侪行己应否如此可矣。其为六国时人作欤？抑西汉时人作欤？都可不问。若言之成理即非孔子之语，或儒者托为孔子之语，均无碍也。况以事实论之，哀公孱弱，孔子对证发药，故教之以强毅，决非他人伪造者也。

《丧服》经不过《仪礼》十七篇之一。《仪礼》十七篇，诸侯大夫礼不必论，冠礼不行于今，婚礼六礼，徒有其民而已，士相见礼、乡饮酒礼、特牲馈食礼，亦不行于今，惟士丧礼与丧服有关。然讲丧服，不必讲士丧礼也。丧服至今仍行，通都大邑，虽只用黑纱缠臂，然内地服制尚存其意。形于文字者，尚有讣闻遵礼成服之语。虽是告朔之饩羊，犹有礼意存焉。周代有诸侯、世卿之分，故丧服有尊降、压降之名。政治改变，诸侯、世卿之名已去，汉代虽提倡丧服，即不讲尊降压降，此亦礼文损益之义也。汉儒于《仪礼》尽注十七篇者，惟郑康成一人。其余马融、王肃，只注一篇。三国、晋、宋间人，注《丧服》者十余家，蜀蒋琬亦曾注《丧服》，可见《丧服》之重要。诸君翻阅杜佑《通典》，即可知《丧服》，丧礼之大概。顾亭林言六朝人尚有优点，诚然，六朝人不讲节义，却甚重《丧服》。古人在丧服中，不能入内，不能见女人。陈寿遭父丧，有疾，使婢丸药，乡党以为贬议，坐是沉滞者累年，此事明载《晋书》。又晋惠帝之子愍怀太子遹，被贾后毒死。事白，惠帝为之下诏追复丧礼，反葬京畿，服长子斩衰三年。以《丧服》中本有父为长子斩衰三年之文故也。晋惠无道尚如此，可见晋人之重视《丧服》矣。晋以后，唐人亦重《丧服》。宋代理学学生，亦知维持《丧服》。明人则恐不甚看《丧服》经，然皇帝皆以孝字为号，尚知遵行《丧服》，胜于清人。《丧服》代有变迁，尊降压降，不适宜于郡县时代。自汉至隋，全遵《仪礼》。唐人稍加修改，尚称近理，如父在为母齐衰期间，父没为母齐衰三年，唐人均改为三年。其余修改者尚有四五条，皆几微而不甚要紧，唯经文"妇为舅姑斩衰不杖期"，宋人改妇为舅姑与子为父母同，盖因唐末人不明礼意，有妇为舅姑如子为父母之事实。五代时，刘岳作《书仪》，即改妇为舅姑等于子为父母。至宋初，魏仁浦乃谓夫处苫块之中，妇服纨绮之服，是为不当，乃迳改礼文，不知苫块在未葬之前，既葬即不在苫块。《丧服》有变除之义，期年入外寝，再期大祥，然后除服。妇已除服，虽不可着有花之纨绮，尚可着无花之青缣。仁浦不知此意，故疑其不当。当时在官者，大抵不学无术，又翕然从之，改妇为舅姑，等于子为父母，此宋人之陋也。至明代只有斩衰三年。古礼，妇人不二斩，男子亦然。为人后者，为本生父母降，为父母斩衰，为长子亦斩衰。明太祖改之。明人不知古斩衰三年与齐衰三年惟在无缝有缝之别，本不甚相远。降至清代，遂为一切误谬之总归宿。今若除去尊降压降一条，其余悉遵《开元礼》，则所谓遵礼成服者，庶不致如告朔之饩羊矣。

上来所讲，一《孝经》，二《大学》，三《儒行》，四《丧服》。其原文合之不过一万字，以之讲诵，以之躬行，修己治人之道，大抵在是矣。

大爱文选

蓼 莪

《诗经》

蓼(lù)蓼者莪(é),匪莪伊蒿。哀哀父母,生我劬(qú)劳。

蓼蓼者莪,匪莪伊蔚。哀哀父母,生我劳瘁。

瓶之罄矣,维罍(léi)之耻。鲜民之生,不如死之久矣!

无父何怙(hù)?无母何恃?出则衔恤,入则靡至。

父兮生我,母兮鞠我。拊我畜我,长我育我。

顾我复我,出入腹我。欲报之德。昊天罔极!

那高高的植物是蓼莪吗?原来不是蓼莪而是莪蒿。我可怜的父母啊,为了养育我受尽辛劳。

那高高的植物是蓼莪吗?原来不是蓼莪而是杜蒿。我可怜的父母啊,为了养育我憔悴积劳。

小瓶的酒倒空了,那是酒坛的耻辱。失去父母的人在世上偷生,不如早早死去。

没有父亲何所依?没有母亲何所靠?出门在外心悲伤,进家门好像家没到。

父亲啊你生养我,母亲啊你养育我,你们抚爱我扶持我,养我长大教育我。

照顾我来庇护我,出出入入怀抱我,要想报答这大恩德,苍天在上无穷尽。

国殇

(战国)屈原

操吴戈兮被犀甲,车错毂兮短兵接。
旌蔽日兮敌若云,矢交坠兮士争先。
凌余阵兮躐(liè)余行,左骖(cān)殪(yì)兮右刃伤。
霾(mái)两轮兮絷(zhí)四马,援玉枹(fú)兮击鸣鼓。
天时坠兮威灵怒,严杀尽兮弃原野。
出不入兮往不反,平原忽兮路超远。
带长剑兮挟秦弓,首身离兮心不惩。
诚既勇兮又以武,终刚强兮不可凌。
身既死兮神以灵,魂魄毅兮为鬼雄!

手拿干戈啊身穿犀皮甲,战车交错啊刀剑相砍杀。
旗帜蔽日啊敌人如乌云,飞箭交坠啊士卒勇争先。
犯我阵地啊践踏我队伍,左骖死去啊右骖被刀伤。
埋住两轮啊绊住四匹马,手拿玉槌啊敲打响战鼓。
天昏地暗啊威严神灵怒,残酷杀尽啊尸首弃原野。
出征不回啊往前不复返,平原迷漫啊路途很遥远。
佩带长剑啊挟着强弓弩,首身分离啊壮心不改变。
实在勇敢啊富有战斗力,始终刚强啊没人能侵犯。
身已死亡啊精神永不死,您的魂魄啊为鬼中英雄!

陈情表

（晋）李密

臣密言：臣以险衅，夙遭闵凶。生孩六月，慈父见背。行年四岁，舅夺母志。祖母刘，愍臣孤弱，躬亲抚养。臣少多疾病，九岁不行，零丁孤苦，至于成立。既无叔伯，终鲜兄弟。门衰祚薄，晚有儿息。外无期功强近之亲，内无应门五尺之童，茕茕孑立，形影相吊。而刘夙婴疾病，常在床蓐。臣侍汤药，未尝废离。

逮奉圣朝，沐浴清化。前太守臣逵，察臣孝廉。后刺史臣荣，举臣秀才。臣以供养无主，辞不赴命。诏书特下，拜臣郎中，寻蒙国恩，除臣洗马。猥以微贱，当侍东宫，非臣陨首所能上报。臣具以表闻，辞不就职。诏书切峻，责臣逋慢，郡县逼迫，催臣上道。州司临门，急于星火。臣欲奉诏奔驰，则以刘病日笃，欲苟顺私情，则告诉不许。臣之进退，实为狼狈。

伏惟圣朝以孝治天下，凡在故老，犹蒙矜育，况臣孤苦，特为尤甚。且臣少事伪朝，历职郎署，本图宦达，不矜名节。今臣亡国贱俘，至微至陋，过蒙拔擢，宠命优渥，岂敢盘桓，有所希冀？但以刘日薄西山，气息奄奄，人命危浅，朝不虑夕。臣无祖母，无以至今日，祖母无臣，无以终余年。母孙二人，更相为命，是以区区不能废远。臣密今年四十有四，祖母刘今年九十有六，是臣尽节于陛下之日长，报刘之日短也。乌鸟私情，愿乞终养。

臣之辛苦，非独蜀之人士及二州牧伯所见明知，皇天后土，实所共鉴。愿陛下矜愍愚诚，听臣微志。庶刘侥幸，卒保余年。臣生当陨首，死当结草。臣不胜犬马怖惧之情，谨拜表以闻。

臣子李密陈言：臣子因命运不好，小时候就遭遇不幸，刚出生六个月，我

慈爱的父亲就不幸去世了。经过了四年，舅舅又逼迫母亲改了嫁。我的奶奶刘氏，怜悯我从小丧父又多病消瘦，便亲自对我加以抚养。臣子小的时候经常有病，九岁时还不会走路。孤独无靠，一直到成家立业。既没有叔叔伯伯，也没有哥哥弟弟，门庭衰微福气少，直到很晚才有了儿子。在外面没有比较亲近的亲戚，在家里又没有照管门户的僮仆。孤孤单单地自己生活，每天只有自己的身体和影子相互安慰。而刘氏很早就疾病缠身，常年卧床不起，我侍奉她吃饭喝药，从来就没有离开过她。

到了晋朝建立，我蒙受着清明的政治教化。前些时候太守逵推举臣下为孝廉，后来刺史荣又推举臣下为秀才。臣下因为没有人照顾我祖母，就都推辞掉了，没有遵命。朝廷又特地下了诏书，任命我为郎中，不久又蒙受国家恩命，任命我为洗马。像我这样出身微贱地位卑下的人，能够去服侍太子，这实在不是我杀身捐躯所能报答朝廷的。我将以上苦衷上表报告，加以推辞不去就职。但是诏书急切严峻，责备我逃避命令，有意怠慢。郡县长官催促我立刻上路；州官登门督促，十万火急，刻不容缓。我很想遵从皇上的旨意立刻为国奔走效劳，但祖母刘氏的病却一天比一天重；想要姑且顺从自己的私情，但报告申诉又不见准许。我是进退维谷，处境十分狼狈。

我想圣朝是以孝道来治理天下的，凡是故旧老人，尚且还受到怜惜养育，何况我的孤苦程度更为严重呢？而且我年轻的时候曾经做过蜀汉的官，历任郎中和尚书郎，本来图的就是仕途通达，无意以名誉节操来炫耀。现在我是一个低贱的亡国俘虏，实在卑微到不值一提，承蒙得到提拔，而且恩命十分优厚，怎敢犹豫不决另有所图呢？但是只因为祖母刘氏已是西山落日的样子，气息微弱，生命垂危，朝不保夕。臣下我如果没有祖母，是活不到今天的；祖母如果没有我的照料，也无法度过她的余生。我们祖孙二人，互相依靠，相濡以沫，正是因为这些我的内心实在是不忍离开祖母而远行。

臣下我今年四十四岁了，祖母今年九十六岁了，臣下我在陛下面前尽忠尽节的日子还长着呢，而在祖母刘氏面前尽孝尽心的日子已经不多了。我怀着乌鸦反哺的私情，企求能够准许我完成对祖母养老送终的心愿。我的辛酸苦楚，并不仅仅是蜀地的百姓及益州、梁州的长官所耳闻目睹、内心明白，连天地神明也都看得清清楚楚。希望陛下能怜悯我愚昧至诚的心，满足臣下我一点小小的心愿，使祖母刘氏能够侥幸地保全她的余生。我活着当以牺牲生命，死了也要结草衔环来报答陛下的恩情。臣下我怀着犬马一样不胜恐惧的心情，恭敬地呈上此表以求闻达。

前出师表

（蜀）诸葛亮

先帝创业未半而中道崩殂；今天下三分，益州疲弊，此诚危急存亡之秋也。然侍卫之臣不懈于内，忠志之士忘身于外者：盖追先帝之殊遇，欲报之于陛下也。诚宜开张圣听，以光先帝遗德，恢弘志士之气；不宜妄自菲薄，引喻失义，以塞忠谏之路也。

宫中府中，俱为一体；陟罚臧否，不宜异同；若有作奸犯科及为忠善者，宜付有司论其刑赏，以昭陛下平明之理；不宜偏私，使内外异法也。

侍中、侍郎郭攸之、费祎、董允等，此皆良实，志虑忠纯，是以先帝简拔以遗陛下：愚以为宫中之事，事无大小，悉以咨之，然后施行，必能裨补阙漏，有所广益。

将军向宠，性行淑均，晓畅军事，试用于昔日，先帝称之曰能，是以众议举宠为督：愚以为营中之事，悉以咨之，必能使行阵和睦，优劣得所。

亲贤臣，远小人，此先汉所以兴隆也；亲小人，远贤臣，此后汉所以倾颓也。先帝在时，每与臣论此事，未尝不叹息痛恨于桓、灵也！侍中、尚书、长史、参军，此悉贞良死节之臣，愿陛下亲之、信之，则汉室之隆，可计日而待也。

臣本布衣，躬耕于南阳，苟全性命于乱世，不求闻达于诸侯。先帝不以臣卑鄙，猥自枉屈，三顾臣于草庐之中，咨臣以当世之事，由是感激，遂许先帝以驱驰。后值倾覆，受任于败军之际，奉命于危难之间，尔来二十有一年矣。

先帝知臣谨慎，故临崩寄臣以大事也。受命以来，夙夜忧叹，恐托付不效，以伤先帝之明；故五月渡泸，深入不毛。今南方已定，兵甲已足，当奖率三军，北定中原，庶竭驽钝，攘除奸凶，兴复汉室，还于旧都：此臣所以报先帝而忠陛下之职分也。至于斟酌损益，进尽忠言，则攸之、祎、允等之任也。

愿陛下托臣以讨贼兴复之效，不效，则治臣之罪，以告先帝之灵；若无兴德之言，则责攸之、祎、允等之慢，以彰其咎。陛下亦宜自谋，以咨诹善道，察纳雅言，深追先帝遗诏。臣不胜受恩感激！

今当远离，临表涕零，不知所言。

先帝创建统一天下的大业还没有完成一半，就中途去世了。如今天下已分为魏、蜀、吴三国，蜀国人力疲惫，物力又很缺乏，这确实是国家危急存亡的关键时刻。但是侍卫大臣们在宫廷里毫不懈怠；忠诚有志气的将士们在疆场上舍身作战，大概是因为念先帝在世时对他们的特殊待遇，想要报答给陛下啊。陛下确实应该广泛地听取群臣的意见，来发扬光大先帝留下的美德，弘扬有志之士的气概，不应该随随便便地看轻自己，说话不合道理，以至于堵塞忠臣劝谏的道路。

皇宫和相府是一个整体，奖惩善恶，不应该因其在宫中或在府中而异。假如有做奸邪事情，犯科条法令或者尽忠心做善事的人，应该交给主管的官，判定他们受罚或者受赏，来显示陛下公平严明的治理，而不应当偏袒有私心，使宫内和朝廷刑赏之法不同。

侍中郭攸之和费祎、侍郎董允等，都是善良诚实的人，他们的志向和思虑忠诚纯正。所以先帝把他们选拔出来辅佐陛下。我认为宫内的事情，事无论大小，都拿来问问他们，然后再去实行。一定能够弥补缺点和疏漏之处，会有更多的成效。

将军向宠，性情德行善良平正，通晓军事，在当年试用时，先帝称赞他说他能干，因此大家评议推举他为中部督。我认为军营里的事情，都拿来问问他，一定能够使军队团结和睦，才能高的和才能低的都得到合理的安排。

亲近贤臣，疏远小人，这是汉朝前期兴盛的原因；亲近小人，疏远贤臣，这是汉朝后期衰败的原因。先帝在世的时候，经常和我谈论起这些事，没有一次不对桓帝、灵帝哀叹痛惜的。侍中、尚书、长史、参军，这些都是坚贞可靠，能以死报国的忠臣，希望陛下亲近他们，信任他们，这样汉室的兴盛，就可以计日而待了。

我本来是一介平民，亲自在南阳耕地，只求在乱世中苟且保全性命，不谋求在诸侯那里扬名做官。先帝不因为我身份低微、见识短浅，降低身份委屈自己，三次到茅屋中来拜访我，拿当今世上的大事来询问我，因此我深受感动而奋发，答应为先帝奔走效劳。后来遇到兵败，在战事失败的时候我接受任命，在危机患难的时候我奉命出使，到现在已经有二十一年了。

先帝深知我做事严谨慎重，所以在临去世前，把国家大事托付给我。接受遗命以来，我早晚忧愁叹息，唯恐托付给我的大事没有成效，以至于损害先帝的英明。所以我五月率兵渡过泸水，深入到人烟稀少的地方。现在南方已经平定，武器兵甲已经充足，应当鼓励统率全军，北伐平定中原。我希望竭尽我平庸的才能，铲除奸邪凶恶的势力，复兴汉朝王室，迁归旧时的国都。这是我用来报答先帝并且忠心于陛下的职责本分。至于斟酌情理，有所兴革，毫无保留地进献忠言，就是郭攸之、费祎、董允的任务了。

希望陛下把讨伐奸贼、复兴汉朝王室的重任交给我，如果没有成效，就治我的罪，用来告慰先帝的英灵。如果没有振兴圣德的忠言，那就责罚郭攸之、费祎、董允等人的怠慢，来表明他们的过失。陛下也应该自己思虑谋划，询问治国的好道理，明察采纳正言，深深地追念先帝遗留的诏书中的旨意，我就受恩感激不尽了。

现在我正要离开朝廷远征，流泪写下这篇表文，不知道说什么好。

谏太宗十思疏

（唐）魏征

臣闻：求木之长者，必固其根本；欲流之远者，必浚其泉源；思国之安者，必积其德义。源不深而望流之远，根不固而求木之长，德不厚而思国之安，臣虽下愚，知其不可，而况于明哲乎？人君当神器之重，居域中之大，将崇极天之峻，永保无疆之休，不念居安思危，戒奢以俭，德不处其厚，情不胜其欲，斯亦伐根以求木茂，塞源而欲流长者也。

凡昔元首，承天景命，莫不殷忧而道著，功成而德衰。有善始者实繁，能克终者盖寡。岂其取之易、守之难乎？昔取之而有余，今守之而不足，何也？盖在殷忧，必竭诚以待下；既得志，则纵情以傲物。竭诚则胡越为一体，傲物则骨肉为行路。虽董之以严刑，振之以威怒，终苟免而不怀仁，貌恭而不心服。怨不在大，可畏惟人；载舟覆舟，所宜深慎。

奔车朽索，其可忽乎？君人者，诚能见可欲则思知足以自戒，将有作则思知止以安人，念高危则思谦冲而自牧，惧满盈则思江海而下百川，乐盘游则思三驱以为度，忧懈怠则思慎始而敬终，虑壅蔽则思虚心以纳下，惧谗邪则思正身以黜恶，恩所加则思无因喜以谬赏，罚所及则思无因怒而滥刑。总此十思，弘兹九德。简能而任之，择善而从之，则智者尽其谋，勇者竭其力，仁者播其惠，信者效其忠。文武争驰，君臣无事，可以尽豫游之乐，可以养松乔之寿，鸣琴垂拱，不言而化。何必劳神苦思，代下司职，役聪明之耳目，亏无为之大道哉？

我听说，要求树木生长，就一定要加固它的根本；想要河水流得长远，就一定要疏通它的源头；想使国家安定，就一定要积聚自己的道德仁义。水源不深却希望水流得长远，根不牢固却要求树木生长，道德不深厚却想使国家安定，我虽然十分愚笨，也知道那是不可能的，更何况明智的人呢？国君掌握着帝王的大权重任，处于天地间至尊的地位，不考虑在安逸的环境中想到危难，戒除奢侈而厉行节俭，这也就像砍断树根却要树木长得茂盛，堵塞泉源却希望流水长远一样啊！

凡是古代的君主，承受上天的大命，开始做得好的确实很多，但是能够坚持到底的却很少。难道是取得天下容易，守住天下就困难吗？大概是他们在忧患深重的时候，必然竭尽诚意对待下属，一旦得志，便放纵情欲，傲视他人。竭尽诚意，那么即使像吴、越那样敌对的国家也能结为一个整体；傲视他人，那么即使骨肉至亲也会疏远得像过路人一样。即使用严酷的刑罚督责百姓，用威风怒气恫吓百姓，结果只能使百姓图求苟且以免于刑罚，却不会怀念国君的恩德，表面上态度恭敬，可是心里并不服气。怨恨不在大小，可怕的只是百姓。百姓像水一样，可以使船行，也可以让船翻，这是应该特别谨慎的。

用腐烂的绳索驾驭疾驰的马车，这能轻视吗？身为君臣，果真能够做到：见了想要得到的东西，就想到知足以警戒自己；将要大兴土木，就想到要适可而止以使百姓安宁；考虑到帝位高随时会有危险，就想到要谦虚，并且加强自我修养；害怕骄傲自满，就想到江海是居于百川的下游；喜欢打猎游乐，就想到从三面追赶野兽，留一面放生作为限度；担心意志懈怠，就想到做事要始终谨慎；忧虑会受蒙蔽，就想到虚心接纳下属的意见；害怕谗佞奸邪，就想到端正自身以斥退邪恶小人；加恩于人时，就想到不要因为一时高兴而赏赐不当；施行刑罚时，就想到不要因为正在发怒而滥施刑罚。完全做到上述十个方面，扩大九德的修养，一定会得到很多补益。选拔有才能的人而任用他，选择好的意见而听从它，那么，聪明的人就会竭尽他们的智谋，勇敢的人就会竭尽他们的气力，仁爱的人就会广施他们的恩惠，诚实的人就会奉献他们的忠诚。文臣武将都得到任用，就可以垂衣拱手，安然而治了。何必劳神苦思，代行百官的职务呢！

祭十二郎文

（唐）韩愈

年、月、日，季父愈闻汝丧之七日，乃能衔哀致诚，使建中远具时羞之奠，告汝十二郎之灵：

呜呼！吾少孤，及长，不省所怙，惟兄嫂是依。中年，兄殁南方，吾与汝俱幼，从嫂归葬河阳。既又与汝就食江南。零丁孤苦，未尝一日相离也。吾上有三兄，皆不幸早世。承先人后者，在孙惟汝，在子惟吾。两世一身，形单影只。嫂尝抚汝指吾而言曰："韩氏两世，惟此而已！"汝时尤小，当不复记忆。吾时虽能记忆，亦未知其言之悲也。

吾年十九，始来京城。其后四年，而归视汝。又四年，吾往河阳省坟墓，遇汝从嫂丧来葬。又二年，吾佐董丞相于汴州，汝来省吾。止一岁，请归取其孥。明年，丞相薨。吾去汴州，汝不果来。是年，吾佐戎徐州，使取汝者始行，吾又罢去，汝又不果来。吾念汝从于东，东亦客也，不可以久。图久远者，莫如西归，将成家而致汝。呜呼！孰谓汝遽去吾而殁乎！吾与汝俱少年，以为虽暂相别，终当久相与处，故舍汝而旅食京师，以求斗斛之禄。诚知其如此，虽万乘之公相，吾不以一日辍汝而就也。

去年，孟东野往。吾书与汝曰："吾年未四十，而视茫茫，而发苍苍，而齿牙动摇。念诸父与诸兄，皆康强而早逝。如吾之衰者，其能久存乎？吾不可去，汝不肯来，恐旦暮死，而汝抱无涯之戚也！"孰谓少者殁而长者存，强者夭而病者全乎！

呜呼！其信然邪？其梦邪？其传之非其真邪？信也，吾兄之盛德而夭其嗣乎？汝之纯明而不克蒙其泽乎？少者、强者而夭殁，长者、衰者而存全乎？未可以为信也。梦也，传之非其真也，东野之书，耿兰之报，何为而在吾侧也？

呜呼！其信然矣！吾兄之盛德而夭其嗣矣！汝之纯明宜业其家者，不克蒙其泽矣！所谓天者诚难测，而神者诚难明矣！所谓理者不可推，而寿者不可知矣！

虽然，吾自今年来，苍苍者或化而为白矣，动摇者或脱而落矣。毛血日益衰，志气日益微，几何不从汝而死也。死而有知，其几何离；其无知，悲不几时，而不悲者无穷期矣。

汝之子始十岁，吾之子始五岁。少而强者不可保，如此孩提者，又可冀其成立邪！呜呼哀哉！呜呼哀哉！

汝去年书云："比得软脚病，往往而剧。"吾曰："是疾也，江南之人，常常有之。"未始以为忧也。呜呼！其竟以此而殒其生乎？抑别有疾而至斯乎？汝之书，六月十七日也。东野云，汝殁以六月二日；耿兰之报无月日。盖东野之使者，不知问家人以月日；如耿兰之报，不知当言月日。东野与吾书，乃问使者，使者妄称以应之耳。其然乎？其不然乎？

今吾使建中祭汝，吊汝之孤与汝之乳母。彼有食，可守以待终丧，则待终丧而取以来；如不能守以终丧，则遂取以来。其余奴婢，并令守汝丧。吾力能改葬，终葬汝于先人之兆，然后惟其所愿。

呜呼！汝病吾不知时，汝殁吾不知日，生不能相养于共居，殁不能抚汝以尽哀，敛不凭其棺，窆不临其穴。吾行负神明，而使汝夭；不孝不慈，而不能与汝相养以生，相守以死。一在天之涯，一在地之角，生而影不与吾形相依，死而魂不与吾梦相接。吾实为之，其又何尤！彼苍者天，曷其有极！自今已往，吾其无意于人世矣！当求数顷之田于伊颍之上，以待余年，教吾子与汝子，幸其成；长吾女与汝女，待其嫁，如此而已。

呜呼！言有穷而情不可终，汝其知也邪！其不知也邪！呜呼哀哉！尚飨！

某年、某月、某日，叔父韩愈在听说你去世后的第七天，才得以含着哀痛向你表达诚意，并派建中在远方备办了应时的鲜美食品作为祭品，告慰你十二郎的魂灵：

唉，我从小就成了孤儿，等到大了，不知道父亲是什么模样，只好靠哥嫂抚养。哥哥在中年时死在南方，我和你都还小，跟随嫂嫂把灵柩送回河阳安葬。随后又和你到江南谋生，孤苦伶仃，一天也没有分开过。我上面本来有三个哥哥，都不幸早死。继承先父的后代，在孙子辈里只有你，在儿子辈里只有我。子孙两代各剩一人,孤孤单单。嫂子曾经抚摸着你指着我说:"韩氏两代,就只有你们两个了!"那时你比我更小,当然记不得了;我当时虽然能够记事,但也还不能体会她话中的悲凉啊!

我十九岁时,初次来到京城参加考试。四年以后,才回去看你。又过了四年,我去河阳凭吊祖先的坟墓,碰上你护送嫂嫂的灵柩来安葬。又过了两年,我在汴州辅佐董丞相,你来看望我,留下住了一年,你请求回去接妻子儿女。第二年,董丞相去世,我离开汴州,你没能来成。这一年,我在徐州任职,派去接你的人刚动身,我就被免职,你又没来成。我想,你跟我在东边的汴州、徐州,也是客居,不可能久住;从长远考虑,还不如我回到西边去,等在那里安下家再接你来。唉!谁能料到你竟突然离我而死呢?当初,我和你都年轻,总以为虽然暂时分别,终究会长久在一起的。因此我离开你而旅居长安,以寻求微薄的俸禄。假如真的知道会这样,即使让我做高官厚禄的公卿宰相,我也不愿因此离开你一天而去赴任啊!

去年,孟东野到你那里去时,我写给你的信中说:"我年纪还不到四十岁,但视力模糊,头发花白,牙齿松动。想起各位父兄,都在健康强壮的盛年早早去世,像我这样衰弱的人,难道还能长活在世上吗?我不能离开(职守),你又不肯来,恐怕我早晚一死,你就会有无穷无尽的忧伤。"谁能料到年轻的却先死了,而年老的反而还活着,强壮的早早死去,而衰弱的反而还活在人间呢?

唉!是真的这样呢?还是在做梦呢?还是这传来的消息不可靠呢?如果是真的,那么我哥哥有(那么)美好的品德反而早早地绝后了?你(那么)纯正聪明反而不能承受他的恩泽?难道年轻强壮的反而要早早死去,年老衰弱的却应活在世上吗?实在不敢把它当作真的啊!如果是梦,传来的噩耗不是真的,可是东野的来信,耿兰的报丧,却又为什么在我身边呢?啊!大概是真的了!我哥哥有美好的品德竟然早早地失去后代,你纯正聪明,本来是应该继承家业的,现在却不能承受你父亲的恩泽了。这正是所谓苍天确实难以揣测,而神意实在难以知道了!也就是所谓天理不可推求,而寿命的长短无法预知啊!

即使这样,我从今年以来,花白的头发,全要变白了,松动的牙齿,也像要脱落了,身体越来越衰弱,精神也越来越差了,过不了多久就要随你死去了。如果死后有知,那么我们又能分离多久呢?如果我死后无知,那么我也不能悲痛多少时间了,而(死后)不悲痛的时间却是无穷无尽的。

你的儿子才十岁,我的儿子才五岁,年轻强壮的尚不能保全,像这么大的孩子，又怎么能希望他们成人立业呢？啊，悲痛啊，真是悲痛！

你去年来信说："近来得了软脚病，时常（发作）疼得厉害。"我说："这种病，江南人常常得。"没有当作值得忧虑的事。唉，（谁知道）竟然会因此而丧了命呢？还是由于别的病而导致这样的不幸呢？

你的信是六月十七日写的。东野说你是六月二日死的，耿兰报丧时没有说日期。大概是东野的使者不知道向你的家人问明日期，而耿兰报丧竟不知道应该告诉日期？还是东野给我写信时，才去问使者，使者胡乱说个日期应付呢？是这样呢？还是不是这样呢？

现在我派建中来祭奠你，安慰你的孩子和你的乳母。他们有粮食能够守丧到丧期终了，就等到丧期结束后再把他们接来；如果不能守到丧期终了，我就马上接来。剩下的奴婢，叫他们一起守丧。如果我有能力迁葬，最后一定把你安葬在祖坟旁，然后让奴婢们按照他们的意愿，或去或留。

唉，你患病我不知道时间，你去世我不知道日子，活着的时候不能住在一起互相照顾，死的时候没有抚尸痛哭，入殓时没在棺前守灵，下棺入葬时又没有亲临你的墓穴。我的行为辜负了神明，才使你这么早死去，我对上不孝，对下不慈，既不能与你相互照顾着生活，又不能和你一块死去。一个在天涯，一个在地角。你活着的时候不能和我形影相依，死后魂灵也不在我的梦中显现，这都是我造成的灾难，又能抱怨谁呢？天哪，（我的悲痛）哪里有尽头呢？

从今以后，我已经没有心思奔忙在世上了！还是回到老家去置办几顷地，度过我的余年。教养我的儿子和你的儿子，希望他们成才；抚养我的女儿和你的女儿，等到她们出嫁，（我的心愿）如此而已。

唉！话有说完的时候，而哀痛之情却不能终止，你知道呢？还是不知道呢？悲哀啊！希望享用祭品吧！

泷冈阡表

(北宋)欧阳修

呜呼！惟我皇考崇公，卜吉于泷冈之六十年，其子修始克表于其阡。非敢缓也，盖有待也。

修不幸，生四岁而孤。太夫人守节自誓，居穷，自力于衣食，以长以教，俾至于成人。太夫人告之曰："汝父为吏，廉而好施与，喜宾客，其俸禄虽薄，常不使有余，曰：'毋以是为我累。'故其亡也，无一瓦之覆、一垄之植以庇而为生，吾何恃而能自守耶？吾于汝父，知其一二，以有待于汝也。自吾为汝家妇，不及事吾姑，然知汝父之能养也。汝孤而幼，吾不能知汝之必有立，然知汝父之必将有后也。吾之始归也，汝父免于母丧方逾年，岁时祭祀，则必涕泣，曰：'祭而丰，不如养之薄也。'间御酒食，则又涕泣，曰：'昔常不足，而今有余，其何及也！'吾始一二见之，以为新免于丧适然耳。既而其后常然，至其终身未尝不然。吾虽不及事姑，而以此知汝父之能养也。汝父为吏，尝夜烛治官书，屡废而叹。吾问之，则曰：'此死狱也，我求其生不得尔。'吾曰：'生可求乎？'曰：'求其生而不得，则死者与我皆无恨也。矧(shěn)求而有得耶？以其有得，则知不求而死者有恨也。夫常求其生，犹失之死，而世常求其死也。'回顾乳者抱汝而立于旁，因指而叹，曰：'术者谓我岁行在戌将死，使其言然，吾不及见儿之立也，后当以我语告之。'其平居教他子弟，常用此语。吾耳熟焉，故能详也。其施于外事，吾不能知；其居于家，无所矜饰，而所为如此，是真发于中者耶！呜呼！其心厚于仁者耶！此吾知汝父之必将有后也。汝其勉之。夫养不必丰，要于孝；利虽不得溥于物，要其心之厚于仁。吾不能教汝，此汝父之志也。"修泣而志之，不敢忘。

先公少孤力学，咸平三年进士及第，为道州判官，泗、绵二州推官，又为泰州判官。享年五十有九，葬沙溪之泷冈。太夫人姓郑氏，考讳德仪，世为江南名族。太夫人恭俭仁爱而有礼，初封福昌县太君，进封乐安、安康、彭城三郡太君。自其家少微时，治其家以俭约，其后常不使过之，曰："吾儿不能苟合于世，俭薄所以居患难也。"其后修贬夷陵，太夫人言笑自若，曰："汝家故贫贱也，吾处之有素矣。汝能安之，吾亦安矣。"

自先公之亡二十年，修始得禄而养。又十有二年，列官于朝，始得赠封其亲。又十年，修为龙图阁直学士、尚书吏部郎中，留守南京，太夫人以疾终于官舍，享年七十有二。又八年，修以非才入副枢密，遂参政事，又七年而罢。自登二府，天子推恩，褒其三世，盖自嘉祐以来，逢国大庆，必加宠锡。皇曾祖府君累赠金紫光禄大夫、太师、中书令；曾祖妣累封楚国太夫人。皇祖府君累赠金紫光禄大夫、太师、中书令兼尚书令；祖妣累封吴国太夫人。皇考崇公累赠金紫光禄大夫、太师、中书令兼尚书令；皇妣累封越国太夫人。今上初郊，皇考赐爵为崇国公，太夫人进号魏国。

于是小子修泣而言曰："呜呼！为善无不报，而迟速有时，此理之常也。惟我祖考，积善成德，宜享其隆，虽不克有于其躬，而赐爵受封，显荣褒大，实有三朝之锡命，是足以表见于后世，而庇赖其子孙矣。"乃列其世谱，具刻于碑，既又载我皇考崇公之遗训，太夫人之所以教而有待于修者，并揭于阡。俾知夫小子修之德薄能鲜，遭时窃位，而幸全大节，不辱其先者，其来有自。

熙宁三年，岁次庚戌，四月辛酉朔，十有五日乙亥，男推诚、保德、崇仁、翊戴功臣，观文殿学士，特进，行兵部尚书，知青州军州事，兼管内劝农使，充京东路安抚使，上柱国，乐安郡开国公，食邑四千三百户，食实封一千二百户，修表。

唉！我的父亲崇国公，在泷冈占卜吉地安葬六十年之后，他的儿子我才能够在墓道上立碑，这并不是敢有意迟缓，是因为有所等待。

我不幸，四岁时父亲就去世了，母亲立志守节，家境贫困，她靠自己的力量操持生活，还要抚养我、教育我，使我长大成人。母亲告诉我说："你父亲为官清廉，乐于助人，又爱结交朋友，他的薪俸微薄，常常所剩无几，（总是）说：'不要让钱财使我受累！'他去世后，没有留下可赖以生存的家产。我靠什么守节呢？我对你父亲有所了解，因而把希望寄托在你身上。从我成为你家媳妇的时候，没赶上侍奉婆婆，但我知道你父亲很孝敬父母。你自幼失去父亲，我不能断定你将来有成就，但我知道你父亲一定后继有人。我刚出嫁时，你父亲为他母亲(你祖母)守孝刚一年。岁末祭祀祖先,他总是流泪说:‘祭祀再丰富,也不如生前的微薄奉养啊。’偶然吃些好的酒菜,他也会流泪说:‘从前娘在时常常不够,如今富足有余,又无法让她尝到!’刚开始我遇到这种情形,还以为是刚服完丧不久才这样。后来却经常如此,直到去世。我虽然没来得及侍奉婆婆,可从这一点能看出你父亲很孝敬父母。你父亲做官,曾经在夜里点着蜡烛看案卷,他多次停下来叹气。我问他,就说:‘这是一个判了死罪的案子,我想为他求得一条生路却办不到。’我问:‘可以为死囚找生路吗?’他说:‘想为他寻求生路却无能为力,那么,死者和我就没有遗憾了,况且去寻求生路而又办得到呢!正因为有得到赦免的,才明白不认真推求而被处死的人可能有遗恨啊。经常为死囚求生路,还不免错杀;偏偏世上总有人想置犯人于死地呢!’他回头看见奶娘抱着你站在旁边,于是指着你叹气说:‘算命的说我遇上戌年就会死,假使他的话应验了,我就看不见儿子长大成人了,将来你要把我的话告诉他。’他也常常用这些话教育其他晚辈,我听惯了所以记得很清楚。他在外面怎么样,我不知道;但他在家里,从不装腔作势,他行事厚道;是发自内心的!唉!他是很重视仁的啊!因此,我知道你父亲一定会后继有人。你一定努力啊!奉养父母不一定要丰厚,最重要的是孝敬;利益虽然不能遍施于所有的人,重在仁爱之心。我没什么可教你的,这些都是你父亲的愿望。”我流着泪记下了这些教诲,不敢忘记。

先父年幼丧父,努力读书。咸平三年考中进士,曾任道州判官,泗、绵二州推官,又做过泰州判官,享年五十九岁,葬在沙溪的泷岗。太夫人姓郑,她的父亲名讳是德仪,世代都是江南有名望的家族。太夫人恭敬、俭约、仁爱又有礼仪教养,起初诰封为福昌县太君,进封为乐安、安康、彭城三郡太君。从我们还不是很富裕时,她就以俭约的原则持家,后来家境富裕了,也不许花费过多,她说:“我的儿子不能苟且迎合世人,俭约一些,才能度过那可能要遭受的患难。”后来,我被贬夷陵,太夫人言笑如常,说:“你的家本来就贫贱,我已经习惯了这种日子。你能安乐对待,我也能安乐。”

先父死后二十年,我才取得俸禄来供养母亲。又过了十二年,列位于朝廷做京官,才获得赠封双亲。又过了十年,我担任龙图阁直学士、尚书吏部郎中,留守南京。母亲因病逝世于官邸,享年七十二岁。又过了八年,我以不相称的才能,做了朝廷的副枢密使,进为参知政事,过了七年解除职务。自从进入军、政二府后,天子施恩,褒奖三代宗亲。自从仁宗嘉祐年间以来,每逢国家大庆,必定对我的先祖加以赐恩。曾祖父累赠为金紫光禄大夫、太师、中书令，曾祖母累赠为楚国太夫人。祖父累赠为金紫光禄大夫、太师、中书令兼尚书令，祖母累赠为吴国太夫人。先父崇国公累赠为金紫光禄大夫、太师、中书令兼尚书令，先母累赠为越国太夫人。如今皇上初次举行祭天大礼，先父赐爵为崇国公，先母进爵为魏国太夫人。

于是我流着泪说："唉！做善事无不得到好报的，时间或迟或早，这是必然的道理。我先祖和父亲积善有德，理应享有这种盛大的酬报。虽然他们在有生之年不能享受到，但是赐爵位、受封官，经表彰而光荣，因褒奖而崇大，具有三朝恩赏诰封，这就足够使其德行显扬于后世，庇荫后世子孙。"于是排列我家世代的谱系，详细刻在石碑上，把先父崇国公的遗训，以及太夫人的教育，以及对我有所待的原因写在阡表上，好让大家知道我德行浅薄，能力微小，只是适逢其时才能得到高位，有幸保全大的原则，没有辱及先祖，都由于上述的原因。

神宗熙宁三年，庚戌年，四月初一辛酉，十五日乙亥，男推诚保德崇仁翊戴功臣、观文殿学士、特进、行兵部尚书，知青州军州事、兼管内劝农使、充京东路安抚使、上柱国、乐安郡开国公、食邑四千三百户、食实封一千二百户，欧阳修立表。

项脊轩志

（明）归有光

项脊轩，旧南阁子也。室仅方丈，可容一人居。百年老，尘泥渗漉，雨泽下注，每移案，顾视无可置者。又向北，不能得日，日过午已昏。余稍为修葺，使不上漏；前辟四窗，垣墙周庭，以当南日，日影反照，室始洞然。又杂植兰桂竹木于庭，旧时栏楯，亦遂增胜，借书满架，偃仰啸歌，冥然兀坐，万籁有声。而庭阶寂寂，小鸟时来啄食，人至不去。三五之夜，明月半墙，桂影斑驳，风移影动，珊珊可爱。

然余居于此，多可喜，亦多可悲。

先是庭中通南北为一；迨诸父异爨，内外多置小门，墙往往而是。东犬西吠，客逾庖而宴，鸡栖于厅。庭中始为篱，已为墙，凡再变矣。家有老妪，曾居于此。妪，先大母婢也，乳二世，先妣抚之甚厚。室西连于中闺，先妣尝一至。妪每谓予曰："某所，而母立于兹。"妪又曰："汝姊在吾怀，呱呱而泣；娘以指叩门扉曰：'儿寒乎？欲食乎？'吾从板外相为应答。"语未毕，余泣，妪亦泣。余自束发读书轩中。一日，大母过余曰："吾儿，久不见若影，何竟日默默在此，大类女郎也？"比去，以手阖门，自语曰："吾家读书久不效，儿之成，则可待乎！"顷之，持一象笏至，曰："此吾祖太常公宣德执此以朝，他日汝当用之！"瞻顾遗迹，如在昨日，令人长号不自禁。

…………

余即为此志，后五年，吾妻来归。时至轩中，从余问古事，或凭几学书，吾妻归宁，述诸小妹语曰："闻姊家有阁子，且何谓阁子也？"其后六年，吾妻死，室坏不修。其后二年，余久卧病无聊，乃使人复葺南阁子，其制稍异于前。然自后余多在外，不常居。

庭有枇杷树，吾妻死之年所手植也，今已亭亭如盖矣。

项脊轩，就是原来的南阁子。室内面积仅一丈见方，可容一人居住。由于是一间有百年历史的老房子，灰尘与泥土常从屋顶上漏下来，特别是下雨时，雨水往下直灌，此时要屡屡移动桌子，看来看去没有可安置的地方。又加上屋门朝北开，不能直接受到阳光的照射，一过中午，太阳偏了，屋里就暗了下来。我稍微给它加以修补，使上面不再漏雨、落灰。室前新开四扇窗户，院子四周砌上围墙，用来挡住南边射来的阳光，经日光反照，屋子里才明亮起来。在庭前我又种上兰花、桂树、竹子等，往日的栏杆，也就增加了新的光彩。借来的图书堆满了书架，我在这里生活悠然自得，有时长啸或吟唱，有时静悄悄地独自坐着，自然界的声响都能清晰地听到；庭前、阶下却异常寂静，小鸟不时飞下来啄食，人到它面前也不离开。在农历每月十五日的夜晚，明月高悬，照在墙上。月光下，庭中桂树的影子疏疏密密，微风吹来，花影摇动，美丽可爱。

可是我在这里居住，喜悦的感受多，悲怆的感受也很多。

在这以前，院子南北相通，是一个整体。等到伯父叔父们分家以后，室内外小门多了，隔墙到处都是。东家的狗对着西家叫，客人得越过邻居厨房去吃饭，鸡在厅堂内栖宿。庭中开始用篱笆隔开，后来又用墙来隔离，总共变动了两次。家里有一个老婆婆，曾经在这里居住过。这位老婆婆，是侍候我死去的祖母的仆人，在我家曾做过两代人的乳母，我母亲在世时待她很好。轩的西边和内室相连，我母亲曾经到轩中来。老婆婆时常对我说：“这地方，你母亲曾经站在这儿。”老婆婆还说：“你姐姐小时候，我抱在怀中，她呱呱地哭着；你母亲听见了就用手指轻敲着房门说：‘孩子冷吗？想吃东西了么？’我在门外一一向你母亲作回答。”老婆婆的话没有说完，我感动得哭了，老婆婆也流下激动的眼泪。

我从十五岁起，就在轩中读书。一天，祖母来看我，她说：“我的孩子，好长时间没看到你的影子。为什么整天默默地在这里，像是个女孩子了？”临走时，她用手轻轻地掩上轩门，自言自语地说：“我家的人长期以来读书没有得到功名，这孩子很值得期待呀！”不一会儿，又拿了一个象笏到轩里来，说：“这是我祖父太常公在宣德年间拿着去朝见皇帝用的，日后你应当用到它！”回忆旧日的这些事，好像昨天刚发生，真叫人长声悲号不已啊！

…………

我作了上面这篇志后五年,我的妻子嫁到我家来,她时常到轩中,向我问及一些历史故事,有时靠着桌子学写字。妻子回娘家去省亲,回来以后转述她的小妹妹们的话说:“听说姐姐家里有阁子,那么什么叫阁子呢?”以后过了六年,我的妻子在去世,项脊轩逐渐破败,也不修理。此后又过了两年,我卧病在床,闲极无聊之际,才派人再次修缮南阁子。那形式和以前稍有不同。然而此后我长期羁留在外,不常回到轩中居住。

庭前有一棵枇杷树,是我妻子去世的那一年亲手种下的,今天已经高高地矗立着,枝叶繁盛,像一把撑开着的巨伞一样了。

狱中上母书

（明）夏完淳

不孝完淳今日死矣，以身殉父，不得以身报母矣。

痛自严君见背，两易春秋。冤酷日深，艰辛历尽。本图复见天日，以报大仇，恤死荣生，告成黄土。奈天不佑我，钟虐先朝。一旅才兴，便成齑粉。去年之举，淳已自分必死，谁知不死，死于今日也！斤斤延此二年之命，菽水之养无一日焉。致慈君托迹于空门，生母寄生于别姓，一门漂泊，生不得相依，死不得相问。淳今日又溘然先从九京，不孝之罪，上通于天。

呜呼！双慈在堂，下有妹女，门祚衰薄，终鲜兄弟。淳一死不足惜，哀哀八口，何以为生？虽然，已矣。淳之身，父之所遗；淳之身，君之所用。为父为君，死亦何负于双慈？但慈君推干就湿，教礼习诗，十五年如一日；嫡母慈惠，千古所难。大恩未酬，令人痛绝。慈君托之义融女兄，生母托之昭南女弟。

淳死之后，新妇遗腹得雄，便以为家门之幸；如其不然，万勿置后。会稽大望，至今而零极矣。节义文章，如我父子者几人哉？立一不肖后如西铭先生，为人所诟笑，何如不立之为愈耶？呜呼！大造茫茫，总归无后，有一日中兴再造，则庙食千秋，岂止麦饭豚蹄，不为馁鬼而已哉？若有妄言立后者，淳且与先文忠在冥冥诛殛顽嚚，决不肯舍！

兵戈天地，淳死后，乱且未有定期。双慈善保玉体，无以淳为念。二十年后，淳且与先文忠为北塞之举矣。勿悲勿悲！相托之言，慎勿相负。武功甥将来大器，家事尽以委之。寒食盂兰，一杯清酒，一盏寒灯，不至作若敖之鬼，则吾愿毕矣。新妇结缡二年，贤孝素著，武功甥好为我善待之。亦武功渭阳情也。

语无伦次，将死言善。痛哉痛哉！人生孰无死？贵得死所耳。父得为忠臣,子得为孝子,含笑归太虚,了我分内事。大道本无生,视身若敝屣。但为气所激,缘悟天人理。恶梦十七年,报仇在来世。神游天地间,可以无愧矣。

不孝儿完淳而今死了,以身体奉献给父亲,不能再以身体来报答母亲了。

自从父亲离我而去,悲痛地过去了两个年头。怨恨惨痛越积越深,历尽了艰难辛苦。本来希图重见天日,以报大仇,使死者得到抚恤,生者获得荣耀,向九泉之下的父亲报告我们的成功。无奈上天不保佑我们,把灾祸集中于先朝,一支(抗清)军队刚一起来,就立即被粉碎。去年的义举,我已自以为非死不可,谁知当时不死,却死于今天,短短地延续了两年的生命,却没有一天得以孝养母亲。以致尊贵的慈母托身于空门,生母则寄生在异姓之家。一门漂泊,活着不能相互依靠,有人死了也不能相互安慰,我今日又奄忽先赴九泉,不孝之罪的深重,连上天都已知晓了。

唉,两位母亲都健在,下面又有妹妹、女儿,家运衰败,男丁稀少。我死了并不足惜,我所哀痛不已的,是家族的众多人口今后怎么生活。虽然如此,但是,就这样吧!我的身体是父亲遗给我的,我的身体是为国君所用的,为父为君而死,又哪里是辜负两位母亲,但尊贵的慈母对我爱护备至,教我学礼习诗,十五年来从未改变,嫡母如此慈爱恩惠,千百年来所少有。大恩未曾报答,使我悲痛到了极点,——现在我只得把尊贵的慈母托付给义融姊,把生母托付给昭南妹了。

我死之后,如果妻子能生一个男孩,那就是家门的幸运。如果不然,千万不要抱养他人之子,立为后嗣。会稽的大望族至今如此零落已极。节义文章像我父子这样的有几个?像西铭先生那样地立一个不肖的后嗣(钱谦益),为旁人所诟骂讥笑,还不如不立为好!唉!天地是无穷无尽的,家族却不可能永远绵延不绝。有一日朝廷中兴重建,那么,我们就能千百年地在庙中接受祭祀、供养,又哪里只是享受麦饭猪蹄,不至成为饿鬼而已。如果有人妄言另立后嗣,我与父亲在冥中一定要诛杀这个顽固愚蠢之人,决不饶恕他。

兵戈遍布天地,我死之后,战乱不会有停止之日。两位母亲请好好保重玉体,不要再把我挂在心里。二十年之后,我跟父亲再度为人,必将扫平北方边境。不要悲伤,不要悲伤!我所嘱托的话,千万不要违背。武功甥将来必大有成就,家里的事可都交托他。寒食节和七月十五,以一杯清酒,一盏寒灯来供我,使我不至于成为无人祭祀的饿鬼,我的愿望就已达到了。妻子与我成婚两年以来,贤孝素来为人所深知,武功甥为我好好地待她,这也是武功甥的渭阳之情！

语无伦次，而这都是将死之时的肺腑之言。悲痛，太悲痛了！但是，人有哪个是不死的呢？贵在死得其所。父亲能成为忠臣，儿子能成为孝子。含笑归天，完成我的分内之事。从佛教的原理来说，一切事物本都未尝生存，我把自己的身体看得像破旧的鞋子一样地不足珍惜。我只是为刚正之气所激，因而懂得了天人之理。十七年来只是一场噩梦，报仇在于来世。我的神魂将遨游于天地之间，我对一切都毫无愧怍。

教子书

（清）曾国藩

咸丰六年九月二十九夜

字谕纪鸿儿：

家中人来营者，多称尔举止大方，余为少慰。凡人多望子孙为大官，余不愿为大官，但愿为读书明理之君子。勤俭自持，习劳习苦，可以处乐，可以处约，此君子也。余服官二十年，不敢稍染官宦气习，饮食起居，尚守寒素家风，极俭也可，略丰也可，太丰则吾不敢也。

凡仕宦之家，由俭入奢易，由奢返俭难。尔年尚幼，切不可贪爱奢华，不可惯习懒惰。无论大家小家、士农工商，勤苦俭约未有不兴，骄奢倦怠未有不败。尔读书写字，不可间断。早晨要早起，莫坠高曾祖考以来相传之家风。吾父吾叔，皆黎明即起，尔之所知也。

凡富贵功名，皆有命定，半由人力，半由天事。惟学作圣贤，全由自己作主，不与天命相干涉。吾有志学为圣贤，少时欠居敬工夫，至今犹不免偶有戏言戏动。尔宜举止端庄，言不妄发，则入德之基也。

手谕（时在江西抚州门外）

与妻书

(清)林觉民

意映卿卿如晤,吾今以此书与汝永别矣!吾作此书时,尚是世中一人;汝看此书时,吾已成为阴间一鬼。吾作此书,泪珠和笔墨齐下,不能竟书而欲搁笔,又恐汝不察吾衷,谓吾忍舍汝而死,谓吾不知汝之不欲吾死也,故遂忍悲为汝言之。

吾至爱汝,即此爱汝一念,使吾勇就死也。吾自遇汝以来,常愿天下有情人都成眷属;然遍地腥云,满街狼犬,称心快意,几家能彀?司马青衫,吾不能学太上之忘情也。语云:仁者“老吾老,以及人之老;幼吾幼,以及人之幼”。吾充吾爱汝之心,助天下人爱其所爱,所以敢先汝而死,不顾汝也。汝体吾此心,于啼泣之余,亦以天下人为念,当亦乐牺牲吾身与汝身之福利,为天下人谋永福也。汝其勿悲!

汝忆否?四五年前某夕,吾尝语曰:“与使吾先死也,无宁汝先我而死。”汝初闻言而怒,后经吾婉解,虽不谓吾言为是,而亦无词相答。吾之意盖谓以汝之弱,必不能禁失吾之悲,吾先死留苦与汝,吾心不忍,故宁请汝先死,吾担悲也。嗟夫!谁知吾卒先汝而死乎?吾真真不能忘汝也!回忆后街之屋,入门穿廊,过前后厅,又三四折,有小厅,厅旁一室,为吾与汝双栖之所。初婚三四个月,适冬之望日前后,窗外疏梅筛月影,依稀掩映;吾与(汝)并肩携手,低低切切,何事不语?何情不诉?及今思之,空余泪痕。又回忆六七年前,吾之逃家复归也,汝泣告我:“望今后有远行,必以告妾,妾愿随君行。”吾亦既许汝矣。前十余日回家,即欲乘便以此行之事语汝,及与汝相对,又不能启口,且以汝之有身也,更恐不胜悲,故惟日日呼酒买醉。嗟夫!当时余心之悲,盖不能以寸管形容之。

吾诚愿与汝相守以死，第以今日事势观之，天灾可以死，盗贼可以死，瓜分之日可以死，奸官污吏虐民可以死，吾辈处今日之中国，国中无地无时不可以死，到那时使吾眼睁睁看汝死，或使汝眼睁睁看我死，吾能之乎？抑汝能之乎？即可不死，而离散不相见，徒使两地眼成穿而骨化石，试问古来几曾见破镜能重圆？则较死为苦也，将奈之何？今日吾与汝幸双健。天下人不当死而死与不愿离而离者，不可数计，钟情如我辈者，能忍之乎？此吾所以敢率性就死不顾汝也。吾今死无余憾，国事成不成自有同志者在。依新已五岁，转眼成人，汝其善抚之，使之肖我。汝腹中之物，吾疑其女也，女必像汝，吾心甚慰。或又是男，则亦教其以父志为志，则我死后尚有二意洞在也。甚幸，甚幸！吾家后日当甚贫，贫无所苦，清静过日而已。

吾今与汝无言矣。吾居九泉之下遥闻汝哭声，当哭相和也。吾平日不信有鬼，今则又望其真有。今人又言心电感应有道，吾亦望其言是实，则吾之死，吾灵尚依依旁汝也，汝不必以无侣悲。

吾平生未尝以吾所志语汝，是吾不是处；然语之，又恐汝日日为吾担忧。吾牺牲百死而不辞，而使汝担忧，的的非吾所忍。吾爱汝至，所以为汝谋者惟恐未尽。汝幸而偶我，又何不幸而生今日中国！吾幸而得汝，又何不幸而生今日之中国！卒不忍独善其身。嗟夫！巾短情长，所未尽者，尚有万千，汝可以模拟得之。吾今不能见汝矣！汝不能舍吾，其时时于梦中得我乎！一恸！辛未三月廿六夜四鼓，意洞手书。

家中诸母皆通文，有不解处，望请其指教，当尽吾意为幸。

我的母亲

胡适

我小时候身体弱,不能跟着野蛮的孩子们一块儿玩。我母亲也不准我和他们乱跑乱跳。小时不曾养成活泼游戏的习惯,无论在什么地方,我总是文绉绉的。所以家乡老辈都说我"像个先生样子",遂叫我做"糜先生"。这个绰号叫出去之后,人都知道三先生的小儿子叫做糜先生了。既有"先生"之名,我不能不装出点"先生"样子,更不能跟着顽童们"野"了。有一天,我在我家八字门口和一班孩子"掷铜钱",一位老辈走过,见了我,笑道:"糜先生也掷铜钱吗?"我听了羞愧的面红耳热,觉得大失了"先生"的身份!

大人们鼓励我装先生样子,我也没有嬉戏的能力和习惯,又因为我确是喜欢看书,故我一生可算是不曾享过儿童游戏的生活。每年秋天,我的庶祖母同我到田里去"监割"(顶好的田,水旱无忧,收成最好,佃户每约田主来监割,打下谷子,两家平分),我总是坐在小树下看小说。十一二岁时,我稍活泼一点,居然和一群同学组织了一个戏剧班,做了一些木刀竹枪,借得了几副假胡须,就在村口田里做戏。我做的往往是诸葛亮、刘备一类的文角儿;只有一次我做史文恭,被花荣一箭从椅子上射倒下去,这算是我最活泼的玩艺儿了。

我在这九年(1895—1904)之中,只学得了读书写字两件事。在文字和思想的方面,不能不算是打了一点底子。但别的方面都没有发展的机会。有一次我们村"当朋"(八都凡五村,称为"五朋",每年一村轮着做太子会,名为"当朋")筹备太子会,有人提议要派我加入前村的昆腔队里学习吹笙或吹笛。族里长辈反对,说我年纪太小,不能跟着太子会走遍五朋。于是我便失掉了学习音乐的唯一机会。三十年来,我不曾拿过乐器,也全不懂音乐;究竟我有没有一点学音乐的天资,我至今不知道。至于学图画,更是不可能的事。我常常用竹纸蒙在小说书的石印绘像上，摹画书上的英雄美人。有一天，被先生看见了，挨了一顿大骂，抽屉里的图画都被搜出撕毁了。于是我又失掉了学做画家的机会。

但这九年的生活，除了读书看书之外，究竟给了我一点做人的训练。在这一点上，我的恩师便是我的慈母。

每天天刚亮时，我母亲便把我喊醒，叫我披衣坐起。我从不知道她醒来坐了多久了。她看我清醒了，便对我说昨天我做错了什么事，说错了什么话，要我认错，要我用功读书。有时候她对我说父亲的种种好处，她说："你总要踏上你老子的脚步。我一生只晓得这一个完全的人，你要学他，不要跌他的股。"（跌股便是丢脸出丑）她说到伤心处，往往掉下泪来。到天大明时，她才把我的衣服穿好，催我去上早学。学堂门上的锁匙放在先生家里；我先到学堂门口一望，便跑到先生家里去敲门。先生家里有人把锁匙从门缝里递出来，我拿了跑回去，开了门，坐下念生书，十天之中，总有八九天我是第一个去开学堂门的。等到先生来了，我背了生书，才回家吃早饭。

我母亲管束我最严，她是慈母兼任严父。但她从来不在别人面前骂我一句，打我一下，我做错了事，她只对我一望，我看见了她的严厉眼光，便吓住了。犯的事小，她等到第二天早晨我睡醒时才教训我。犯的事大，她等到晚上人静时，关了房门，先责备我，然后行罚，或罚跪，或拧我的肉。无论怎样重罚，总不许我哭出声音来，她教训儿子不是借此出气叫别人听的。

有一个初秋的傍晚，我吃了晚饭，在门口玩，身上只穿着一件单背心。这时候我母亲的妹子玉英姨母在我家住，她怕我冷了，拿了一件小衫出来叫我穿上。我不肯穿，她说："穿上吧，凉了。"我随口回答："娘（凉）什么！老子都不老子呀。"我刚说了这句话，一抬头，看见母亲从家里走出，我赶快把小衫穿上。但她已听见这句轻薄的话了。晚上人静后，她罚我跪下，重重的责罚了一顿。她说："你没了老子，是多么得意的事！好用来说嘴！"她气得坐着发抖，也不许我上床去睡。我跪着哭，用手擦眼泪，不知擦进了什么微菌，后来足足害了一年多的翳病。医来医去，总医不好。我母亲心里又悔又急，听说眼翳可以用舌头舔去，有一夜她把我叫醒，她真用舌头舔我的病眼。这是我的严师，我的慈母。

我母亲二十三岁做了寡妇，又是当家的后母。这种生活的痛苦，我的笨笔写不出一万分之一二。家中财政本不宽裕，全靠二哥在上海经营调度。大哥从小便是败子，吸鸦片烟、赌博，钱到手就光，光了便回家打主意，见了香炉便拿出去卖，捞着锡茶壶便拿出押。我母亲几次邀了本家长辈来，给他定下每月用费的数目。但他总不够用，到处都欠下烟债赌债。每年除夕我家中总有一大群讨债的，每人一盏灯笼，坐在大厅上不肯去。大哥早已避出去了。大厅的两排椅子上满满的都是灯笼和债主。我母亲走进走出，料理年夜饭，谢灶神，压岁钱等事，只当做不曾看见这一群人。到了近半夜，快要“封门”了，我母亲才走后门出去，央一位邻居本家到我家来，每一家债户开发一点钱。做好做歹的，这一群讨债的才一个一个提着灯笼走出去。一会儿，大哥敲门回来了。我母亲从不骂他一句。并且因为是新年，她脸上从不露出一点怒色。这样的过年，我过了六七次。

大嫂是个最无能而又最不懂事的人，二嫂是个能干而气量很窄小的人。他们常常闹意见，只因为我母亲的和气榜样，他们还不曾有公然相骂相打的事。她们闹气时，只是不说话，不答话，把脸放下来，叫人难看；二嫂生气时，脸色变青，更是怕人。她们对我母亲闹气时，也是如此，我起初全不懂得这一套，后来也渐渐懂得看人的脸色了。我渐渐明白，世间最可厌恶的事莫如一张生气的脸；世间最下流的事莫如把生气的脸摆给旁人看，这比打骂还难受。

我母亲的气量大，性子好，又因为做了后母后婆，她更事事留心，事事格外容忍。大哥的女儿比我只小一岁，她的饮食衣服总是和我的一样。我和她有小争执，总是我吃亏，母亲总是责备我，要我事事让她。后来大嫂二嫂都生了儿子了，她们生气时便打骂孩子来出气，一面打，一面用尖刻有刺的话骂给别人听。我母亲只装做不听见。有时候，她实在忍不住了，便悄悄走出门去，或到左邻立大嫂家去坐一会，或走后门到后邻度嫂家去闲谈。她从不和两个嫂子吵一句嘴。

每个嫂子一生气，往往十天半个月不歇，天天走进走出，板着脸，咬着嘴，打骂小孩子出气。我母亲只忍耐着，到实在不可再忍的一天，她也有她的法子。这一天的天明时，她便不起床，轻轻的哭一场。她不骂一个人，只哭她的丈夫，哭她自己苦命，留不住她丈夫来照管她。她先哭时，声音很低，渐渐哭出声来。我醒了起来劝她，她不肯住。这时候，我总听得见前堂（二嫂住前堂东房）或后堂（大嫂住后堂西房）有一扇房门开了，一个嫂子走出房向厨房走去。不多一会，那位嫂子来敲我们的房门了。我开了房门，她走进来，捧着一碗热茶，送到我母亲床前，劝她止哭，请她喝口热茶。我母亲慢慢停住哭声，伸手接了茶碗。那位嫂子站着劝一会，才退出去。没有一句话提到什么人，也没有一个字提到这十天半个月来的气脸，然而各人心里明白，泡茶进来的嫂子总是那十天半个月来闹气的人。奇怪的很，这一哭之后，至少有一两个月的太平清静日子。

我母亲待人最仁慈，最温和，从来没有一句伤人感情的话；但她有时候也很有刚气，不受一点人格上的侮辱。我家五叔是个无正业的浪人，有一天在烟馆里发牢骚，说我母亲家中有事总请某人帮忙，大概总有什么好处给他。这句话传到了我母亲耳朵里，她气得大哭，请了几位本家来，把五叔喊来，她当面质问他，她给了某人什么好处。直到五叔当众认错赔罪，她才罢休。

我在我母亲的教训之下度过了少年时代，受了她的极大极深的影响。我十四岁(其实只有十二零两三个月)便离开她了，在这广漠的人海里独自混了二十多年，没有一个人管束过我。如果我学得了一丝一毫的好脾气，如果我学得了一点点待人接物的和气，如果我能宽恕人，体谅人——我都得感谢我的慈母。

背影

朱自清

我与父亲不相见已二年余了,我最不能忘记的是他的背影。

那年冬天,祖母死了,父亲的差使也交卸了,正是祸不单行的日子。我从北京到徐州打算跟着父亲奔丧回家。到徐州见着父亲,看见满院狼藉的东西,又想起祖母,不禁簌簌地流下眼泪。父亲说:"事已如此,不必难过,好在天无绝人之路!"

回家变卖典质,父亲还了亏空;又借钱办了丧事。这些日子,家中光景很是惨淡,一半因为丧事,一半因为父亲赋闲。丧事完毕,父亲要到南京谋事,我也要回北京念书,我们便同行。

到南京时,有朋友约去游逛,勾留了一日;第二日上午便须渡江到浦口,下午上车北去。父亲因为事忙,本已说定不送我,叫旅馆里一个熟识的茶房陪我同去。他再三嘱咐茶房,甚是仔细。但他终于不放心,怕茶房不妥帖;颇踌躇了一会。其实我那年已二十岁,北京已来往过两三次,是没有什么要紧的了。他踌躇了一会,终于决定还是自己送我去。我再三劝他不必去;他只说:"不要紧,他们去不好!"

我们过了江,进了车站。我买票,他忙着照看行李。行李太多了,得向脚夫行些小费才可过去。他便又忙着和他们讲价钱。我那时真是聪明过分,总觉他说话不大漂亮,非自己插嘴不可,但他终于讲定了价钱;就送我上车。他给我拣定了靠车门的一张椅子;我将他给我做的紫毛大衣铺好座位。他嘱我路上小心,夜里要警醒些,不要受凉。又嘱托茶房好好照应我。我心里暗笑他的迂:他们只认得钱,托他们只是白托!而且我这样大年纪的人,难道还不能料理自己么?唉,我现在想想,那时真是太聪明了!

我说道:“爸爸,你走吧。”他往车外看了看说:“我买几个橘子去。你就在此地,不要走动。”我看那边月台的栅栏外有几个卖东西的等着顾客。走到那边月台,须穿过铁道,须跳下去又爬上去。父亲是一个胖子,走过去自然要费事些。我本来要去的,他不肯,只好让他去。我看见他戴着黑布小帽,穿着黑布大马褂,深青布棉袍,蹒跚地走到铁道边,慢慢探身下去,尚不大难。可是他穿过铁道,要爬上那边月台,就不容易了。他用两手攀着上面,两脚再向上缩;他肥胖的身子向左微倾,显出努力的样子,这时我看见他的背影,我的泪很快地流下来了。我赶紧拭干了泪。怕他看见,也怕别人看见。我再向外看时,他已抱了朱红的橘子往回走了。过铁道时,他先将橘子散放在地上,自己慢慢爬下,再抱起橘子走。到这边时,我赶紧去搀他。他和我走到车上,将橘子一股脑儿放在我的皮大衣上。于是扑扑衣上的泥土,心里很轻松似的。过一会儿说:“我走了,到那边来信!”我望着他走出去。他走了几步,回过头看见我,说:“进去吧,里边没人。”等他的背影混入来来往往的人里,再找不着了,我便进来坐下,我的眼泪又来了。

近几年来,父亲和我都是东奔西走,家中光景是一日不如一日。他少年出外谋生,独立支持,做了许多大事。哪知老境却如此颓唐!他触目伤怀,自然情不能自已。情郁于中,自然要发之于外;家庭琐屑便往往触他之怒。他待我渐渐不同往日。但最近两年不见,他终于忘却我的不好,只是惦记着我,惦记着我的儿子。我北来后,他写了一信给我,信中说道:“我身体平安,惟膀子疼痛厉害,举箸提笔,诸多不便,大约大去之期不远矣。”我读到此处,在晶莹的泪光中,又看见那肥胖的、青布棉袍黑布马褂的背影。唉!我不知何时再能与他相见!

五猖会

鲁迅

孩子们所盼望的，过年过节之外，大概要数迎神赛会的时候了。但我家的所在很偏僻，待到赛会的行列经过时，一定已在下午，仪仗之类，也减而又减，所剩的极其寥寥，往往伸着颈子等候多时，却只见十几个人抬着一个金脸或蓝脸红脸的神像匆匆地跑过去。于是，完了。

我常存着这样的一个希望：这一次所见的赛会，比前一次繁盛些。可是结果总是一个"差不多"；也总是只留下一个纪念品，就是当神像还未抬过之前，花一文钱买下的，用一点烂泥，一点颜色纸，一枝竹签和两三枝鸡毛所做的，吹起来会发出一种刺耳的声音的哨子，叫作"吹都都"的，吡吡地吹它两三天。

现在看看《陶庵梦忆》，觉得那时的赛会，真是豪奢极了，虽然明人的文章，怕难免有些夸大。因为祷雨而迎龙王，现在也还有的，但办法却已经很简单，不过是十多人盘旋着一条龙，以及村童们扮些海鬼。那时却还要扮故事，而且在奇拔得可观。他记扮《水浒传》中人物云："……于是分头四出，寻黑矮汉，寻梢长大汉，寻头陀，寻胖大和尚，寻壮妇人，寻姣长妇人，寻青面，寻歪头，寻赤须，寻美髯，寻黑大汉，寻赤脸长须。大索城中；无，则之郭，之村，之山僻，之邻府州县。用重价聘之，得三十六人，梁山泊好汉，个个呵活，臻臻至至，人马称娖而行。……"这样的白描的活古人，谁能不动一看的雅兴呢？可惜这种盛举，早已和明社一同消灭了。

赛会虽然不像现在上海的旗袍，北京的谈国事，为当局所禁止，然而妇孺们是不许看的，读书人即所谓士子，也大抵不肯赶去看。只有游手好闲的闲人，这才跑到庙前或衙门前去看热闹；我关于赛会的知识，多半是从他们的叙述上得来的，并非考据家所贵重的“眼学”。然而记得有一回，也亲见过较盛的赛会。开首是一个孩子骑马先来，称为“塘报”；过了许久，“高照”到了，长竹竿揭起一条很长的旗，一个汗流浃背的胖大汉用两手托着；他高兴的时候，就肯将竿头放在头顶或牙齿上，甚而至于鼻尖。其次是所谓“高跷”，“抬阁”，“马头”了；还有扮犯人的，红衣枷锁，内中也有孩子。我那时觉得这些都是有光荣的事业，与闻其事的即全是大有运气的人，——大概羡慕他们的出风头罢。我想，我为什么不生一场重病，使我的母亲也好到庙里去许下一个“扮犯人”的心愿的呢？……然而我到现在终于没有和赛会发生关系过。

要到东关看五猖会去了。这是我儿时所罕逢的一件盛事。因为那会是全县中最盛的会，东关又是离我家很远的地方，出城还有六十多里水路，在那里有两座特别的庙。一是梅姑庙，就是《聊斋志异》所记，室女守节，死后成神，却篡取别人的丈夫的；现在神座上确塑着一对少年男女，眉开眼笑，殊与“礼教”有妨。其一便是五猖庙了，名目就奇特。据有考据癖的人说：这就是五通神。然而也并无确据。神像是五个男人，也不见有什么猖獗之状；后面列坐着五位太太，却并不“分坐”，远不及北京戏园里界限之谨严。其实呢，这也是殊与“礼教”有妨的，——但他们既然是五猖，便也无法可想，而且自然也就“又作别论”了。

因为东关离城远，大清早大家就起来。昨夜预定好的三道明瓦窗的大船，已经泊在河埠头，船椅，饭菜，茶炊，点心盒子，都在陆续搬下去了。我笑着跳着，催他们要搬得快。忽然，工人的脸色很谨肃了，我知道有些蹊跷，四面一看，父亲就站在我背后。

“去拿你的书来。”他慢慢地说。

这所谓的“书”，是指我开蒙时候所读的《鉴略》，因为我现没有第二本了，我们那里上学的岁数是多拣单数的，所以这使我记住我其时是七岁。

我忐忑着，拿着书来了。他使我同坐在堂中央的桌子前，教我一句一句地读下去。我担着心，一句一句地读下去。

两句一行，大约读了二三十行罢，他说：“给我读熟，背不出，就不准去看会。”

他说完，便站起来，走进房里去了。

我似乎从头上浇了一盆冷水。但是，有什么法子呢？自然是读着，读着，强记着，——而且要背出来。

粤自盘古，生于太荒，

首出御世，肇开混茫。

就是这样的书，我现在只记得前四句，别的都忘却了；那时所强记的二三十行，自然也一齐忘却在里面了。记得那时所听人说，读《鉴略》比读《千字文》，《百家姓》有用得多，因为可以知道从古到今的大概。知道从古到今的大概，那当然是很好的，然而我一字也不懂。“粤自盘古”就是“粤自盘古”，读下去，记住它，“粤自盘古”呵！“生于太荒”呵！……

应用的物件已经搬完，家中由忙乱转成静肃了。朝阳照着西墙，天气很清朗。母亲，工人，长妈妈即阿长，都无法营救，只默默地静候着我读熟，而且背出来。在百静中，我似乎头里要伸出许多铁钳，将什么“生于太荒”之流夹住；也听到自己急急诵读的声音发着抖，仿佛深秋的蟋蟀，在夜中鸣叫似的。

他们都等候着；太阳也升得更高了。

我忽然似乎已经很有把握，便即站了起来，拿书走进父亲的书房，一气背将下去，梦似的就背完了。

“不错。去罢。”父亲点着头，说。

大家同时活动起来，脸上都露出笑容，向河埠走去。工人将我高高地抱起，仿佛在祝贺我的成功一般，快步走在最前头。

我却并没有他们那么高兴。开船以后，水路中的风景，盒子里的点心，以及到了东关的五猖会的热闹，对于我似乎都没有什么大意思。

直到现在，别的完全忘却，不留一点痕迹了；只有背诵《鉴略》这一段，却还分明如昨日事。

我至今一想起，还诧异我的父亲何以要在那时候叫我来背书。

初冬忆事

王扉

在校视听讲堂，看了一个外国故事片，竟突然想起爷爷——我的爷爷。我的爷爷已经去了；就在三个月以前，疼我的爷爷已经去了。

记得我第一次离家，要去远远的东北求学时，爷爷倚着槽门拉着我的手说："孩儿，东北冷啊，当心别冻着了。"眷眷的目光再三不舍，"好好地去，爷爷等你回来。"

那年冬天，这座北国城市的初雪来得很早。10月21日，我就在信中告诉家里告诉爷爷，这里已下雪了，但我穿得实实的，不冷，真的不冷。

雪飘雪去，花开花谢。每次回家在家的日子，我都常上爷爷家叙叙话。跟他淘过往岁月的影子，跟他讲东北的雪花，东北的四季。我随爸住在学校，与爷爷家只隔一条巷。有时我一两日不过去，爷爷便会过来看我。见我在桌前看书、写字时，就静静坐在我床头，打量着我，偶尔也会轻轻地插上一句："在看书啊。"坐一会儿，便又慢慢地走了。

可是——今年夏天，爷爷终是未能等到我再度回家。爷爷去时正值假期，我本可以赶到家的.可那时的我哪料到千里之外家中的变故，正兴冲冲地领了外出采访的任务，欢天喜地在去白城的路上。夏日的阳光很好，道路两旁的树叶正绿，甚至让我怎么也想不到这个季节也会有生命凋落。我盘算得也很好，采访顺利的话，立即回家还可待上一个来月——看看爷爷，再干点其他什么事。后来家里的人告诉我那时爷爷在病床上念念不忘的就是我的回来，念叨着："学校放暑假了吧，飞儿也该回来了。"人们都说只因长孙迟迟不归，爷爷才久久不肯闭上那双倦极了的老眼，久久不肯辞去。

银幕上有个镜头看得我触目惊心，一个和我爷爷一般长着短短硬茬胡须的老汉在最后的疼痛时分坚持再也不肯服用吗啡——一种止疼药，“它只让我麻醉，只有这疼痛还在告诉我，我还活着，我还活着……”我想象不出爷爷在临终之前是否也如此痛苦。我只听说他去世的前一天，任何东西都不肯吃，疼时就大声地叫骂，骂天骂地骂周围的人。大家都说他是太老了，他得的是老年综合征，岁数到了阎王不叫也得自己去了，但我知道他那时肯定是不甘心不肯去的。因为，因为他最心爱的孙儿还未回来。

待我匆匆回到家的时候，爸爸妈妈看我的眼神麻木了好几分，眼珠子都不会动似的。只有瘦小的奶奶蹒跚地走了进来，瘪了瘪嘴，好半天才说出来：“飞儿，爷爷——不在了。”我当时竟没有哭，只是呆呆地站在原地，呆呆地站在那里……

想起小的时候，最爱往爷爷家跑。那时爷爷在家摆个小人书书摊，我便去看小人书，或许我与文字的缘分最初萌始于此。爷爷常常将我抱在怀里，带着我念着小人书，一字一顿，摇头晃脑的，很有点旧学堂老夫子的味道。有时爷爷兴致一高，还会亮开嗓门，扯上一段戏文，我至今清楚地记得听得最多的是“朱买臣马前泼水”一折。

那时我迷恋的还有爷爷屋后的一把青石锁。我常见爷爷举，很英武的样子。我慢慢长大以后，爷爷也一天天地老了。石锁也渐渐被挪用来垫槽门门槛。等我发现我也举得起它时，我已是个大小伙子了。

上大学初，写信总不忘问问爷爷奶奶的近况。那时爷爷的身子一向硬朗，奶奶却时常多病（谁又能想到后来竟是爷爷走在前头，世事总是这么难料的），渐渐也就淡忘了。以致今年六月份收到家中来信说“爷爷最近老了许多，希望你回家时带点小礼物，博老人开开心”，也未曾细想，未曾往心里去。我心目中的爷爷一直是好好的爷爷，甚至还停留在能举起石锁很英武的样子呢！

其实我在爷爷心中早已是个长大了的孩子。记得去年春节回家，我在爷爷家临街开了个铺卖对联。小城的旧日几位女同学相约来看我这个“老板”，她们走后，有几个来串门的街坊打趣：“王老爹，孙媳都找上门来啦。”爷爷捋捋短短的胡须，会意地笑道：“我的孙子嘛。”羞得在一旁写字的我脸颊火烫烫的。而其后我在大城市的校园里真的有了女朋友时，我却未能来得及告诉爷爷，如今爷爷是永远不能亲耳听到这个消息了。

记得那日子爷爷曾守着我给家里的神龛写对子：“继祖先一脉真传克勤克俭，教子孙两行正路惟读惟耕。”爷爷在一旁小心地帮我拉着长长的红纸，看着长大的孙儿挥毫泼墨，笑眯眯地不说话。而今爷爷的魂灵也已列位神龛上了。香火明灭，天人永隔。爷爷，您该是看得见我的，看得见我的，是吗？我是您心爱的长孙飞儿啊。

走出视听讲堂时，外边正下着清冷的小雨，已是十月中旬的天了，怕是快要下雪了？

“孩儿，东北冷啊，当心别冻着了。”冥冥之中苍老而熟悉的声音。

——我好好的，爷爷，我会好好的。不冷，真的不冷。我的血脉里澎湃着您的血脉，活着的我也是您生命的延续。

我定一定神，把衣服裹紧。有一种暖意在心底，如同水点在宣纸上，层层地、层层地晕开来。

生命的药方

胡建国

德诺10岁那年因为输血不幸染上了艾滋病,伙伴们全都躲着他,只有大他4岁的艾迪依旧像从前一样跟他玩耍。离德诺家的后院不远,有一条通往大海的小河,河边开满了五颜六色的花朵,艾迪告诉德诺,把这些花草熬成汤,说不定能治他的病。

德诺喝了艾迪煮的汤,身体并不见好转,谁也不知道他还能活多久。艾迪的妈妈再也不让艾迪去找德诺了,她怕一家人都染上这可怕的病毒。但这并不能阻止两个孩子的友情。一个偶然的机会,艾迪在杂志上看见一则消息,说新奥尔良的费医生找到了能治疗艾滋病的植物,这让他兴奋不已。于是,在一个月明星稀的夜晚,他带着德诺,悄悄地踏上了去新奥尔良的路。

他们是沿着那条小河出发的。艾迪用木板和轮胎做了一个很结实的船,他们躺在小船上,听见流水哗哗的声响,看见满天闪烁的星星,艾迪告诉德诺,到了新奥尔良,找到费医生,他就可以像别人一样快乐地生活了。

不知漂了多远,船进水了,孩子们不得不改搭顺路汽车。为了省钱,他们晚上就睡在随身带的帐篷里。德诺咳得很厉害,从家里带的药也快吃完了。这天夜里,德诺冷得直发颤,他用微弱的声音告诉艾迪,他梦见二百亿年前的宇宙了,星星的光是那么暗那么黑,他一个人待在那里,找不到回来的路。艾迪把自己的球鞋塞到德诺的手上:"以后睡觉,就抱着我的鞋,想想艾迪的臭鞋还在你手上,艾迪肯定就在附近。"

孩子们身上的钱差不多用完了,可离新奥尔良还有三天三夜的路。德诺的身体越来越弱,艾迪不得不放弃了计划,带着德诺又回到家乡。不久,德诺就住进了医院。艾迪依旧常常去病房看他,两个好朋友在一起时病房便充满了快乐。他们有时还会合伙玩装死游戏吓医院的护士，看见护士们上当的样子，两个人都忍不住大笑。艾迪给那家杂志写了信，希望他们能帮忙找到费医生，结果却杳无音讯。

秋天的一个下午，德诺的妈妈上街去买东西了，艾迪在病房陪着德诺，夕阳照着德诺瘦弱苍白的脸，艾迪问他想不想再玩装死的游戏，德诺点点头。然而这回，德诺却没有在医生为他摸脉时忽然睁眼笑起来，他真的死了。

那天，艾迪陪着德诺的妈妈回家。两人一路无语，直到分手的时候，艾迪才抽泣着说："我很难过，没能为德诺找到治病的药。"

德诺的妈妈泪如泉涌："不，艾迪，你找到了。"她紧紧地搂着艾迪，"德诺一生最大的病其实是孤独，而你给了他快乐，给了他友情，他一直为有你这个朋友而满足……"

三天后，德诺静静地躺在了长满青草的地下，双手抱着艾迪穿过的那只球鞋。

祝你生日快乐!

王扉

一个北方都市的清晨,一位洒水车司机缓缓开着车,在洒水的音乐声里,为黎明的大街沐浴。

从后视镜里,他很奇怪地发现,一个男孩蹬着一辆破旧的自行车,总是不紧不慢地跟着他,如同一个甩不掉的影子。

走过几个街口,他终于忍不住好奇心,猛地停下车,拦住了眼里满是慌乱又未及溜走的男孩。

你到底想干什么?他厉声问。

男孩使劲地摇着头、低着头,抬起头来已是泪流满面。

只因洒水车在重复着“祝你生日快乐”的乐曲,而今天是他的生日,可他是个孤儿……

洒水车司机半晌没说话。他摸摸男孩的头,把他的破自行车放在路边,拉着男孩上了驾驶室。

洒水车又开动了。整个城市,整个在沐浴中的城市都听到了,比任何一个黎明都响亮得多的乐曲——祝你生日快乐!

母亲桥

刘桂瑶

那年初春的一个早晨，当我起床时，已经来不及从从容容地走大路上学，我气急败坏地抄近路赶往学校。河上的冰看上去还没融化，我三步并作两步冲上冰面。刚刚走到河中央，“扑哧”一声，一处冰面塌落了，我的两条腿踏进了冷彻骨髓的河水里。

教室供暖不足，平常就十分阴冷，我穿着湿透的棉裤坐在椅子上，全身仿佛都麻木了，我沉默地挺着，脸和唇都变成了青紫色。

中午回到家，母亲很惊讶，却什么也没问，只是让我围着被褥坐在烧得热热的炕头上暖和，她蹲在火炉前为我烘烤棉裤。炉火灼灼，不时暴出响声来，而母亲却始终一言不发。当母亲把烘干的棉裤交给我时，眼圈有些红肿，不知是被炉火烘的，还是刚刚哭过。

那以后，有一两个月我没抄近路去上学。日子一天天过去，高考迫在眉睫，有一夜下了暴雨，清早上学时盼望母亲能关照几句，诸如要走大路千万别抄近路趟河之类，可母亲不停地忙前忙后，根本不理会跟随她转来转去的目光。于是我赌气地来到那条河边。突然我发现有人早在暴涨的河水里放了一些大石头。那石头一块块紧密地挨着，水深的地方甚至是用好些石头垒起来的，石面高出水面数厘米，远远看去就像一座简陋的石桥。我踏石而过的时候，心里淌过一股莫名的感激。那天晚上回到家，我无意中看到母亲手上缠着白纱布，血透过来，红红的一片，惊问她为什么会受伤，母亲淡淡地回答道：“不小心碰的。”站在一旁的妹妹抢着告诉我：“妈妈的手是搬石头碰伤的。”“妈搬石头干什么？”我不解地追问。“搬石头搭桥呀！”

那一瞬间，我的心轰响着，久久说不出一句话来。

那年9月,我踏过"母亲桥"去远方上大学。独在异乡漂泊,仍是母亲用无言的关注帮我度过每一次的疲惫和寂寞。渐渐地,我知道,母亲用青春搭起我的生命之桥,还执著地用希望和奉献为我搭起通向成功和幸福的桥。如今,河上的"母亲桥"已经为风雨侵蚀残旧,而在我成长的心灵中,"母亲桥"却永远踏不断。

从 13 岁开始享受自由

(美)安妮·兰伯特

愿意对自己的人生负责,这是一个人自尊心萌芽的表现。

从小妈妈就教我凡事都问为什么。她是那种对没完没了的“为什么”永远不厌其烦的妈妈。

不过,妈妈从不简单地给我答案,而是让我自己先思考。渐渐地,我学会了在做事之前,先用自己的小脑瓜分析所有的可能性,遇事常常自问:“如果有人这么对我,我会怎么想?”妈妈的循循善诱和严格要求为我形成良好的品性打下了坚实的基础。

我 13 岁生日那天,妈妈把我叫进她的房间。“安妮,我想和你谈谈。”妈妈拍了拍身边的床铺。“我用了 12 年的时间培养你的价值观和道德观,”她开口道,“你觉得自己具有分辨是非的能力了吗?”“当然。”我答道。这个出人意料的开场白让我不觉隐去了笑容。

“今天是你的 13 岁生日,从今以后你就不再是小孩了,生活会变得复杂很多,”妈妈语重心长地说,“我已经为你打下基础,现在是你开始自己拿主意的时候了。”我茫然不解——拿什么主意呀?妈妈笑了。“从现在起,你自己的规矩自己定。什么时候起床,什么时候睡觉,什么时候写作业,和哪些人交朋友,这些都由你自己决定。”

“我不明白。你生我气了吗?我做错什么了?”妈妈伸手搂住我的肩膀:“每个人迟早都要自己做主。很多被父母严格管教的年轻人,往往在他们离开大学,没人给他们指导的时候犯下可怕的错误,有些甚至毁了自己一生。所以我要早一点给你自由。”

我目瞪口呆地盯着她,各种念头一起闪过脑海。那么,我随便多晚回家都可以，自由参加各种聚会，没人催促我写作业……这简直棒极了！

妈妈站起来，莞尔道："记住，这是一种责任。家里人都在看着你。而只有你一个人为自己的过错负责。"

"你为什么这么信任我？"我有些兴奋不安。

"因为我宁愿你现在犯错，现在你还在家里，我能给你建议和帮助，"她说着用力抱了抱我，"别忘了，我一直在你身边。任何时候，如果你需要，我会随时帮助你。"

我们的谈话就这样结束了。同以往一样，这个生日是与家人一起度过的，有蛋糕，有冰淇淋，还有礼物，而母女间的这次交谈却是我收到的最有意义的礼物。我明白，妈妈并没有彻底走出我的生活，只是给我空间来伸展翅膀，准备未来的飞翔。

在之后的数年间，我也做过不少错事，但那是每个少男少女必经的人生体验。我有时不完成作业，偶尔熬熬夜，还有一次参加了一个危险的聚会。妈妈从没为这些责骂我。当我成绩下滑时，她会平静地指出我想进入理想的大学的机会正在减少，成绩越差，机会越少；当我熬夜，她会幽默地取笑我是心情不佳。那次聚会后，她只是问我认为那些朋友10年后会干什么，是否希望自己的未来和他们一样。我当然不希望那样。当我明白了这些，我就不断地改变自己的行为来弥补过失。

人生如织锦，妈妈总是用最好的建议来帮我修补裂痕。我从未像许多青少年那样对父母有过叛逆和怨恨。实际上，妈妈的教育方法使我们更加亲密。

几年前，在我女儿13岁生日那天，我也把她带进我的房间，进行了一场类似的谈话。在她的青春期，我们也一直很亲密。我的儿子在这个年龄也和他的父亲谈过。孩子们虽然犯过不少错误，但事实证明，那些都只是成长的里程碑而已。同时，更多严重的错误因此避免了，因为他们凡事认真思索并和我们商量。他们把父母视为良师益友而非监管人，两代人的关系因此健康而和谐。

生命的智慧就这样在这个家庭延续下来。爱、荣誉和对经验、智慧的尊重得到了珍视。这些都得益于我最好的朋友——我的妈妈。

我不知道我是这样的爱你

——献给汶川大地震中的人们

王扉

如果不是身边的那一堵墙突然地倒下来，
我不会知道我是这样的爱你。
在这冰冷黑暗的瓦砾深处编完最后一条短信，
我只能这样佝偻着背小心地温暖着你。
我的宝宝，如果你能活下来，
请记住，你的母亲很爱你。

如果不是脚下的那一方地突然地裂开来，
我不会知道我是这样的爱你。
当被掩埋在这头的我听到在那头的你的呼号，
我只能这样用尽力气地发出声音来回应你。
我的爱人，如果你能活下来，
请记住，你的妻子很爱你。

如果不是面前的这张讲台突然地颤抖起来，
我不会知道我是这样的爱你。
当整个教室垮塌的刹那你们躲进了我身下的桌子，
我只有死死地按住它就像拥着你们在怀里。
我的孩子，如果你们能活下来，
请记住，你的老师很爱你。

如果不是那一天比天还大的灾难突然地来临，
我不会知道我是这样的爱你。
当黑色的数字在屏幕上不断地攀升你们又身在哪里？
我只有这样不断地不断地在心底念着祈祷着：
我的骨肉同胞，如果你们能活下来，
请记住，所有的苦难都会过去，
因为，因为呵——
我们是相亲相爱的一大家人。
因为，因为呵——
我们大家都很爱你。

关于父亲的遥远记忆

周志兴

我的父亲殁于1974年，当时他还没有到50周岁。

父亲在我的记忆里，印象很淡。因为接触不多，特别是在我记事之后，与他聚少离多。应当是在1958年前后，他就离开了老家常州的戚墅堰机车车辆厂，到北京工作。当时我还没有上小学。1959年，母亲带我到北京探亲，好像是住在一个叫马神庙的地方。留下的印象不多了，只是记得在父亲单位的食堂吃窝头，觉得很好吃。那是因为老家没有这种吃食，很新鲜。现在想来，那时我们的国家刚刚开始三年自然灾害，窝头的好吃已经预示灾难的来临。当然，人祸的问题当时想也不敢想。

父亲工作在北京后，我等着的，就是他每年探亲带回来的各种吃的。印象中的父亲是爱吃的，也做得一手好菜，所以，在带给我们四个孩子的东西中，留下深刻印象的，是他笑眯眯地打开行囊，一盒一盒地给我们分吃的东西。而那个时候，吃是第一重要的。

记得因为吃，我犯过一次大错。在母亲的点心盒里，放着当时十分珍贵的类似蛋糕的一种饼，我当时大约是六岁，已经知道这盒饼在我母亲的脑子里，一定是数好了一共几块，但自己又十分想吃，就想了个办法，把每块饼都咬去了四边。这样，我吃到了饼，饼的数量也没有减少。母亲当然发现了，大发雷霆，举着点心盒威胁我们：谁吃的？要是不承认，我就把它扔出去！

我当时是认了错的。

父亲的工作很神秘，后来我才知道，他是为我国生产原子弹而工作。1964年10月16日我国第一颗原子弹爆炸成功，举国欢腾，只有我们住的大院冷冷清清，据说是为了保密，所以让所有的参与者作出与己无关状。而我们的院子里，住着朱光亚、邓稼先、王淦昌等一流的核物理专家。

1961年，为了解决父亲和母亲的两地分居问题，我们全家搬到北京。但是大概没过几天，父亲又调到了青海基地，我国的第一颗原子弹，其实就诞生于这个基地。

我又和父亲分开了。每年只有一次相聚。

关键的时候，父亲还是在提调着我。1965年，我考初中，当时我算是好学生，所在的小学得到了一个名额报考北京外国语学院附属外国语学校，挑中了我。我有些犹豫，不想学外语。父亲支持我去试试，他的观点是，哪怕是增加一次考场经验呢，也要试试。考试结果我被录取了，当时全市统考还没开始，我想再考一次，换个学校上，父亲劝我还是上这个学校，说外语肯定是越来越重要的学问。

果然，在这所学校里，我受到了极好的教育。

父亲在青海基地工作了许多年。我听说，那个地方很苦，高原反应叫很多人受不了，吃的东西大都要从内地运去。但是我从父亲脸上看不到这些，每次回家，他好像都背着一个相当破的军用挎包，从挎包里掏出一叠叠的钱给母亲。

这些钱都是父亲省出来的，也可以说，是父亲的血汗换来的。

省吃俭用是父亲的传统。

我的父亲出生在一个十分贫苦的家庭，从小被过继到自己的叔叔家。在很小的时候，就到工厂去做工，由于聪明，手艺不错，尤其是电焊的手艺，很早就成了工人中提拔出来的技师。他挣的钱从来不乱花，攒起来，在1949年他25岁的时候，就在老家乡下盖起了一座二层小楼，这是村里的第一座楼房。记得去年我带妻回老家，她对一个工人靠工资盖起这么一座楼房赞叹不已。

而在原子弹基地生存，不单用手艺和勤俭，有时要用命。

特别是到了1966年，那场动乱搅乱了我们的正常生活。我的大姐大学毕业到了黑龙江富裕县农场劳动，二姐到了天津小站的农场，哥哥到了陕西蔡家坡的三线工厂，我当兵到了山东。母亲留在北京，父亲还是在青海基地。他受到了不公正的待遇，但是还是要努力工作。

我现在很难想象，一个丈夫，一个父亲，远离自己的妻子儿女，在无穷的政治运动中挣扎，在孤苦的日子里煎熬，到底是什么滋味。

1974年的春天，我回北京探亲，看到了同时回北京探亲的父亲，感觉他老了，脸上的笑容中多了些苦涩。这年过了“五一”不久，我在部队突然接到了母亲的通知，父亲癌症晚期，住进了北医三院，让我火速回去。

简直不敢相信自己的耳朵，父亲刚刚 49 岁！父亲刚刚健康地和我见过！父亲五一节还在青海高原上踢过足球！

回到北京，我看到的是事实。父亲已经病得变了形，浑身发黄，已经没有了说话的力气。

记得父亲对我们每个子女都是和颜悦色，单单对母亲态度恶劣，没有好话，也没有好脸色。母亲对我说，她了解父亲的心，是知道自己不久于人世，希望母亲在最后的日子里记恨自己，省得自己的死给母亲带来太多的痛苦。

当时不知道父亲为什么会突然得了癌症，后来知道，原子弹的核废料要装进铁罐处理，而铁罐要焊起来，本来不是父亲的工作，但是因为没有人干，父亲又是电焊方面的专家，他就自己上了。这一上，就是用了自己的命。

命运就这样给他写了一个句号。

我们不甘心，不甘心哪！到处找偏方，到处找大夫，甚至用了迷信的手段：用一只乌龟在父亲的腹部爬，说是可以用乌龟把癌细胞带走，结果都无济于事。记得有一次，说要用天然牛黄治病，好容易托人找到了，有人带到北京来。一天，我在离家几里远的地方办事，突然一个陌生人问我，塔院一号怎么走？这是我的家，我问他，找谁？他说，给一个病人送牛黄。当时我一阵欣喜，认为是上天发出了父亲有救的信号。

我的探亲假到期了，回到了部队。9 月 29 日，记得济南是个雨天，接到了家里的噩耗，父亲终于走了。虽然意料之中，但还是心存侥幸。战友周建中送我到车站，我不知多少次问他：是不是家里在骗我？也许我到家时，父亲已经又站了起来！是不是？到底是不是啊?!

战友无语，一路无语。但是雨中默默行走的场景，刻在了我的脑海。

回到北京，我看到的，已经是父亲的遗体。他没有了语言，没有了体温，没有了眼神。而我，像是没有了感觉。

我没有号啕大哭，我的泪水是悄悄流出来的，但是我的痛苦是隐藏不住的。我的姐夫后来对我说，看到你哭，我们的泪水都止不住。

父亲的骨灰埋在了家乡的田头，是我去挖的墓穴，记得舅舅让我用红纸写下了“姜太公在此，百无禁忌”几个大字，我默默地挖出了父亲的新家。那时我 22 岁。

父亲在世时，没有过过父亲节，我也没有对他有过多少亲昵，总是觉得自己是个男子汉，柔情不属于自己。现在后悔了，但是晚了。

父亲走了 32 年了，他在我心中淡淡的印象没有随着岁月消逝，反而越来越清晰。尤其是这样一个场景：我小时候他带我去澡堂洗澡，出澡堂时，为了怕我感冒，他总是要用手在我的脸上摩上一会儿，现在，我仿佛还能感受到他的手温。

我时时在想，如果他老人家仍然在世，我们的家庭会怎样？他会怎样爱抚我的儿女？他会给我什么教诲？……

父亲，在天国保重！

谁捡到这张纸条，我爱你

王扉

落叶一地。又一个夏天来了，又去了……一个老人孤独地行走在一条寂静的街道上。“快了，还有一年。”他喃喃自语。

街口是一个孤儿院。一阵风吹过，孤儿院门前的落叶随风扬起。飞舞的黄叶之中夹杂着的一张纸条，跌落在老人脚旁。

老人用颤抖的手拾起了它。纸上是歪歪斜斜几行稚嫩的字。望着这稚嫩的笔迹，老人的泪水不禁掉了下来——

“谁捡到这张纸条，我爱你。谁捡到这张纸条，我需要你……”

孤儿院矮墙的背后，一个小女孩的脸庞紧紧地贴在玻璃上。老人看着小女孩，心里默默地想着：我也一样，孩子。

落叶一地。又一个夏天来了又去了……小女孩在矮墙背后默默地等了又等，老人却再也没能出现。

最后，小女孩似乎明白了什么。她黯然地回到了她的小房间，拿起蜡笔，又开始写：

“谁捡到这张纸条，我爱你。谁捡到这张纸条，我需要你……”

——每当我们凝视静穆的天宇，而生命就像一道流星遽然地划过天际。若不是为了爱，若不是有人需要我们，我们又何必来这人世间走上一遭呢？

“布谷鸟在城市夜里轻声鸣叫，我们找到了欢乐忘记了忧伤。我以为我一直在生长，可以永远听到你歌唱……”人的生命渺小如蜉蝣，只因有了爱才变得这么亮丽、富有质地。

谁捡到这张纸条，我爱你。

后记：
经书藏大爱，人子须勤读

王扉

《大爱：〈孝经〉的密码》最后一遍修改即将完成之际，刚好是 2011 年的春节。北京中央电视台的春节联欢晚会，在除夕夜的直播中，出了一个对联的上联，面向全球的华人征集下联："百善孝为先，常回家看看。"结果，很快就有人在网上贴出了带有恶搞嫌疑的工整下联："万恶淫为首，多下床歇歇。"有好友知道我正闭关在家修改《大爱：〈孝经〉的密码》书稿，于是打来电话问我对这个对得"很好"的下联的看法。我说，这个尴尬应该是出题的人早该预见到的。古人有一副很有名的对联："百善孝为先，论心不论迹，论迹家贫无孝子；万恶淫为首，论迹不论心，论心世上无好人。"出题的人如果知道这个名联，还拿"孝为百善先"出来广征，当然就要面对人家拿"淫为万恶首"来应对，这不就是等同放开把人家往那条路上引嘛。

好友一笑，说你能不能对一个正面的下联？我说，这有何难。我就拿《孝经》入联。上联不是"百善孝为先，常回家看看"嘛，请看我的下联："四部经为首，多顺手翻翻。"古人将图书分为经史子集四部，经排在第一位。所以我说，四部经为首。而且这副联上下联第三个字，合在一起就是"孝经"。好友大笑，说你真是写什么就是什么，三句不离《孝经》。我说，你别急，我还没说完，"多顺手翻翻"一语，脱胎于古人王中书的《劝孝歌》："劝尔为人子，《孝经》须勤读。"

后来，我才知道中央电视台名牌栏目"百家讲坛"，2011 年春节的特别节目就是找了一位北京的学者讲《孝经》。在《论语》热之后，我就预言过，另一本最值得向大众推荐悦读的儒家经典，就是《孝经》了。我自己也从 2007 年起开始认真地研读《孝经》以及儒家的孝文化，在2009年彻底从媒体行业中脱离出来，成为一个真正的“作家”（老坐在家里的人）时，就开始了“左手《老子》，右手《孝经》”的写作。2010年5月《破玄：老子的密码》（德经卷）顺利出版。2010年10月，《破玄：老子的密码》（道经卷）和这本《大爱：〈孝经〉的密码》初稿完成。我长舒了一口气。可以休息一下，好好地看一阵子书了。这期间，又接了深圳、长沙几家企业的管理咨询顾问，把国学智慧经世致用到企业的管理中，让企业更健康更和谐更有生产力，让做企业的人以及员工更幸福。这也就是我在国内首创的“幸福国学”概念。

什么是孝？什么是《孝经》的智慧？怎样用孝道的思想来指导你的行为，让你内心的幸福感得到提升，让你和身边的人和谐共赢？我想在这本书里已经讲得非常清晰。在这里再叨叨几句。中国古人说“弃老取幼，家之不祥”，如果我们抛弃父母，对他们不孝顺，反而把所有的关爱放在了孩子的身上，这个家庭已经是不吉祥了。这句话也可用在企业、单位里，如果一个领导对于企业、单位的元老、前辈不尊敬，不孝顺，对新进的员工再极尽拉拢、许诺之能事，也是换不来员工的忠诚的。这个企业、单位也是不祥的。“已所不欲，勿施于人。”《孝经》告诉人们的就是德教为先，要以身作则。要使自己的儿女来孝顺自己，一定要首先尊敬父母。无论是齐家还是治企，一定要多做换位思考，替对方想想。

最后我想说的是，经过这两个月隐居式的集中修改初稿后，我很乐意得到大家的反馈。希望了解本书哪些部分是你们最喜欢的，对你们真正有益、有用。如果大家能从这本书里获益，并能将《孝经》的智慧运用于大到公司管理、社会事务上，小到家庭生活琐事的处理中，我想我的初衷就达到了。儒家的修身、齐家、治国、平天下之道，尽在薄薄的一卷《孝经》里。孔子说，先王有至德要道，以训天下。《孝经》其实就是儒家的“德道经”。

说着说着又严肃起来了。我们再活泼一下。回到春晚的对联上来。好友问我，如果让你去出一道与孝有关的上联，面向全球华人征集下联，你会怎么出题？我说，肯定要遵循KISS(keep it simple stupid)原则，选用最简单直接好懂的字眼，毕竟受众是大众。更不能上半截文下半截白，不伦不类的。所以，“百善孝为先”和“常回家看看”从这个角度来看属于混搭。要我来出，我可能会用“孝心最温暖，常回家看看”。友人问下联呢？我大笑，不是征集吗，佛云不可说不可说，一说就破。

“子弟莫愁愚钝，家传自有良方。先教孝悌后文章，步步青云直上。举动百般粗率，言语一味轻狂，谁家伶俐好儿郎，可惜毫无福相。”这是清人宫南庄的一首《西江月·教子》。圣人规训首孝悌，幸福国学从《孝》始。一个人如果经常读圣贤经典，就自然能够站在古代圣贤的肩膀上，看得更远，明白经藏大爱，孝之大美，幸福密码。

经书藏大爱，人子须勤读。是为记。